心理釋放

林茂盛 著

1. 自序

這本心理釋放的書是用簡單通俗的語言文字來陳述，用原理、理論的方式呈現，很好讓人們瞭解及看得懂，透過我對自己思維的觀察，所寫出來的一本書，基礎來自於被我所發現頭腦原本就設定好的程式與功能。

當我們能夠眞正的運用自如時，它可以用各種型態來展現它與運用它，因爲我就是用原理、理論來陳述，所以才可以千變萬化，根據個人不同的意識形態來展現它。就如同水一樣，當水進入任何不同形狀的器皿或者地形地貌時，它就可以用不同的型態來展現它的存在，在攝氏100度以上時它汽化成蒸氣，在零度以下時它結成了冰，但它的本質都是水，水用不同的面貌呈現在世人的眼前，當我們懂了這個原理，心理釋放就如同水一樣，可以用不同的型態、說法、論述來表達，來照顧我們的心情、心理狀態，不被情緒、感受、心理問題所影響。

不知道各位是否相信，人在出生的那一刻起，我們意識的頭腦就已經準備進入牢籠裡被禁錮了，我們的思想、意識型態、行爲模式就開始進入一個個的模具當中被型塑了，這麼寫可能很多朋友們無法理解，那就請各位朋友們往下看，看我如何分析解說讓大家知道。

當我們出生的那一刻起就帶來了父母親的基因遺傳，也帶來了自己特殊及獨一無二的性格。例如：內向或是外向，而這個內向與外向是不是一個個先天的模具，型塑了我們未來發展的思想、觀念、行爲模式及人格模式……等等。那我們就會待在這個環境當中被內向與外向左右著我們意識型態的發展，而產生對這個世界不同的認知，而建立起屬於自己的觀念與想法，而去左右我們的行爲模式。開啟了我們會用自己的思想、觀念來看待這個世界，來衡量這個世界，於是差異感、衝突感，分別感產生了。於是這種制約開始讓我們產生出與製造出了情緒、感受與心理問題。就內向與外向而言，會因爲什麼樣的約束與束縛，而讓我們製造與產生出什麼樣的情緒、感受、心理問題呢？各位朋友們可以去思考看看，應該不難找到。

接下來我們在父母的照顧下，或者是爺爺、奶奶、外公、外婆或者是褓母的照顧下，我們又接受到他們本身型塑的思想、觀念所教育。例如：要聽父母的話就是乖小孩，父母親才會高興與放心。或是看到人都要叫人、要做個有禮貌、守規矩的小孩，這樣父母親才會覺得高興，覺得有面子。

所以這時候的孩子又被父母親或這些長輩的觀念與想法給型塑了，同時在不知情的情狀況下也被要聽話、要有禮貌、守規矩給型塑了，也被爲了討好父母親的潛在意識給型塑了，因爲這樣才可以得到獎勵與獎品。

再過來當我們進入學校後呢？品學兼優的標準被植入學生的觀念與思想當中，所以我們又創造了一個模具名叫品學兼優，而型塑住了我們的思想及觀念。然後學習的標準60分叫及格，未達60分就叫做不及格，100分叫做好棒棒，0分會被人嘲笑，投以異樣的眼光，會被師長責罵……等等。所以在學校就已經制定好了許許多多的模具、枷鎖讓學生穿與戴。當有些學生無法符合這些標準時，情緒出現了、心理問題出現了。可是我們會想要去質疑這些標準嗎？有能力去抗衡嗎？我們只會認爲制度就是這樣啊！大家的集體意識也是這麼認爲啊！所以很自然就接受它了，但是無形當中我們就被這個集體意識的認知標準給束縛住了、約束住了、制約住了、型塑住了，看各位要如何形容這種狀態都可以。

接著我們進入了這個社會，開始學習如何生存，如何不那麼的稜稜角角，接受著這個社會的集體意識的認知。我們這個社會教育著人們要成爲有錢的人、有地位的人、有名聲的人、有權力的人、有名車、豪宅、名牌的人……等等，就叫做成功，這就是人生追求的目標，當然我並不是說追求這些東西不好，可是各位知道嗎？在追求的過程中，我們的內心是否已經被這些集體意識所框架、所型塑了？可以更深入的想想看，這些大框架的背後是否有許許多多的小框架、小模具，束縛了我們？使得我們不知不覺地認爲就是要如此？

當成爲有錢人了，背後是否會有著對物質層面強烈的慾望、有錢就可以任性的優越感、驕傲、自大，可以滿足自己內在的匱乏？那各位想想看我們是否就被有錢的物質慾望、優越感、驕傲、自大給束縛、約束了。當我們成爲有錢人時，是否也產生與製造出面子、相互比較的問題、怕被人搶劫、勒索的恐懼感、焦慮感……等等，這樣子的情況是否又被這些情緒、心理問題給綁住了、勒索了？

再往更高一層的集體制約的意識來看，在華人的集體意識裡我們還可以發現到什麼呢？長幼有序這種輩分高低之分，要有房、有車、有伴侶、有錢、有孩子的基本需求的認知、勤奮與努力、要認眞讀書……等等。

在長幼有序、輩分高低我們可以找到什麼樣的束縛與約束？寫到這我就想到小時候學著大人們翹個二郎腿，結果冷不防的被我父親用手敲了我一個頭，小孩子翹腳沒禮貌，不尊重長輩，不可以。於是不能翹腳這個意識型態就進入了我的思想及觀念，以後我就不敢翹腳了，而在我心裡也留下了一個委屈的感覺，不滿的感受在心理問題形成了一個記錄，日子久了就成爲了一個潛在的意識，也潛在的綁住了我的身與心。

一直到整個社會風氣比較開放，有一天我在電視上看到美國總統也翹著二郎腿，而且是在接待國外總統的場合，這樣不就是天大的不禮貌、不尊重嗎？到後來我才發現這就是華人與美國人的世界所產生的文化差異。美國人比較沒有輩分高低之分。年紀比自己大的就叫哥哥或姊姊，年紀比自己小的就叫弟弟或妹妹。可是在華人的世界不是這樣子啊！區分著堂哥、堂姊、堂弟、堂妹。表哥、表姊、表弟、表妹。像我媽媽是他們兄弟姊妹裡年紀最小的，那我舅舅最大的孩子與媽媽相差沒幾歲，也是要叫我媽媽姑姑。這也形成了東西文化意識上的差別，自然會產生許多不解與隔閡，因認知差異而產生了許多情緒、感受、心理問題與矛盾。

看到這裡，可以去思考看看，我們從出生到此刻被多少東西束縛了、禁錮住了？

透過以上的分析及解說，我要表達的是只要會讓我們產生情緒、感受及心理問題的，我們就被那一種情緒、感受、心理問題束縛住了，綁住了我們的身與心，而無法眞正活的自由自在。

那透過不斷地發掘與釋放，也就是這套心理釋放所要教導的方法與技巧，而活出那個眞實的自己與眞我，達到眞正的純眞與快樂。

那我們要解開這些束縛要做什麼？讓自己活得自由、自在又解脫又要做什麼？因爲在平靜、祥和的狀態下才能使我們靈性、高我的能量啟動，讓我們生命的主人眞正的覺醒。如此才能解決我們這個意識頭腦的問題。

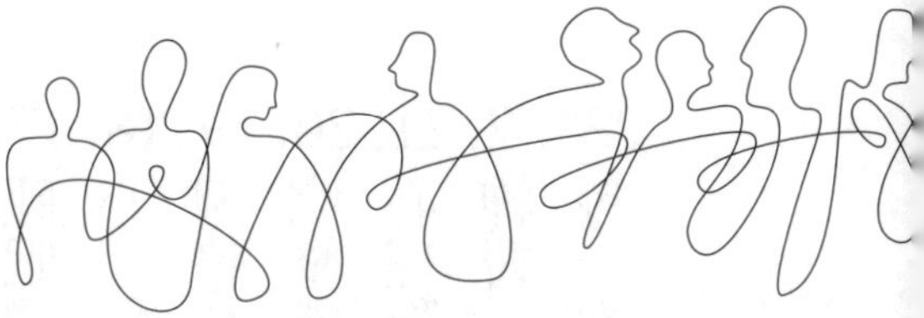

目錄

2. 前言

這套心理釋放的方法，其實並沒有人教我，自己本身也不會深讀或完整看過相關書籍，也不會聽過誰的理論，要是有也是很粗淺的認知而已。

基本上我是個不喜歡閱讀的人，看到書籍、文字只是看看標題及大約瀏覽的方式進行瞭解。說到讀書或閱讀，就會想不如去睡覺的那種類型的人。在求學階段也是屬於成績不甚理想、但還能畢業的那種。

所以現在會想要出這本書是我想都不可能想到的事，於是我常常在想，或許這就是命運的安排或已經註定好的事吧！讓我願意，必須提起筆來寫下發生在我身上親身經歷的一本書。

基本上我沒有很高的學歷，也沒有很好的文化背景及水平，更是從事跟寫作完全不相干的行業。曾經做過殺人放火的行業，寫到這大家可不要誤會了，既不是黑幫也不是殺手，更不是討債集團要脅迫、傷害別人的那種。而是手拿刀槍保家衛國的職業軍人，我應該是沒有說錯吧！在軍校裡面所受的專業知識及技能不就是這些嗎？退伍後做的工作與建築相關，稱呼起來很好聽叫老闆，說穿了也就是個校長兼撞鐘的「做工人」。

或許就是上天的安排吧！要我用通俗又簡單的文字與說法讓更多人瞭解我在說什麼、我在寫什麼、我在表達什麼、我要教導的是什麼。這本書可說是用自己真實的體驗、用最簡單最容易讓人看得懂的方式，將我發現的東西寫出來，能夠更好的學習，給予更多人協助，更好的推廣。

尤其在這個心理問題越來越多的年代，提供一個簡單、快速、易懂又有效率的心理學術。當然不只提供給有心理問題的人們，也提供給想要提昇心靈成長的朋友們、想要修行與修心養性的朋友、培養EQ

的朋友、提升生活品質及人生品質的朋友、在心理學及心理諮商、心理治療、心靈諮商再充實自己的本職與學能的朋友們或是有興趣想學習的朋友們，您可以看看這本書，或許會有意想不到的收穫。

看到這裡我相信會有許多人想知道，我在哪裡發現這個方法的？其實我的發現與其他開創各種心理學與心理治療的學者一樣，有很多是透過自身的經歷研究出來的。那我也不例外，我也是把自己當研究實驗對象而發現居然有這種現象的存在，進而把這種學術方法公諸於世。

出發點來自於修行。講到修行大家的意識範疇直線式會想到與宗教、瑜珈、氣功、靜坐、冥想……等相關領域。可是特別的是，我在修行但不在宗教及上述的領域當中，這是需要打破人們集體意識的認知才會瞭解的。

那我在哪修行呢？我在劉坤炳老師帶領下的衡山基金會，台中分會心靈健康協會裡修行，這裡修行的方式顛覆了人們對傳統修行方式的集體認知，實在是太不一樣了，如果您想瞭解，建議您自己走一趟，北、中、南都有服務據點。老師教導我們如何啟動靈性的能量，學習靈性本質的模式及修練方法，解答學生的疑惑，排除學生的障礙，但是並沒有教導什麼是心理釋放。

我就在這樣的環境裡學習了15個年頭，然後慢慢發現到的現象。剛開始我和一般人一樣，生活上總有很多人、事、物卡住我，到後來我慢慢發現卡住我的是很多很多意識上的約束，而產生了許許多多認知上的差異，所以常常會啟動情緒，可是奇妙的是我又有著容易跳脫這些關卡與情緒的能力，常在關卡、情緒、情境的限制中打轉，然後又會有神來一筆的領悟，讓我跳出關卡、情緒、情境的限制。一而再，再而三，不斷不斷發生，讓我在EQ、修心養性、自由自在、無拘無束、喜悅快樂……等等不斷提昇。

於是我開始去思考、研究、分析、判斷、實用、試驗、觀察而整理、歸納出一套自我發現的心理釋放的學術。並且整理出一套公式，只要能進入公式及方法的人，就能解除您心理的問題並且得到心理釋放。在後面我會介紹到，真的是快速又有效，而且在釋放的當下即可排除。到現在我仍然不斷在使用，希望這個發現能夠直接幫助到心理從業人員、心理諮商師，被諮商者及心理有障礙的人們，或者是生活當中常常會被卡住的朋友們、或者是有興趣的想學習的朋友們。

3. 頭腦原本就設定好的程式與功能

這樣設定好的程式與功能只是被我發現了。

這個現象的發現，基本上是我在每一次新的領悟過後的產物，剛開始並沒有很刻意去瞭解與察覺，最常出現的是正面思考後所產生的喜悅與快樂及感動，後來因爲修行時間愈來愈久，靈性能量逐漸提升，常常可以啟動這股能量，領悟到的品質與層次愈來愈高時出現的一種現象。

記得有一次領悟讓我記憶非常的深刻，現在想起來那也是一次靈性的高我經驗，我記得非常清楚，那時候正好要睡覺，當燈熄滅的那一刻，我忽然想到這個世界爲什麼有白天與黑夜之分，會有上午、下午之分、還區分了幾點就必須做什麼事，時間到了就要休息與工作，要是沒有時間的約束不知道有多好？就不會因爲時間的關係急著要去把工作完成，就不會被客戶催促，可以不用過著這麼緊張、焦慮與忙碌的生活，不用被生活壓得出現那麼多的壓力，也可以讓自己的身體與心理得到充分休息。

當我這麼想時，深刻的體驗出現了。剛才的想法全部消失，出現了一個領悟：「時間是個虛幻的東西」。接著出現的是一股想要睡覺的感覺，安定與平靜的感覺，而且持續了很久，那時我還傻傻地搞不清楚那是什麼狀況，心想今天睡前的感覺怎麼不一樣，可是納悶的是想睡卻是睡不著，於是心想既然睡不著，那就好好享受這種感覺吧！愈享受就愈覺得祂的奇妙，除了一點念頭都沒有之外，感覺還有一股靈性的能量衝上腦門。這一次深刻的經歷，開啟了我領悟後的新察覺模式。

接下來，當我又突破頭腦意識限制或跳過某個關卡時，這種感覺與現象又出現了。於是我又發現，只要這種現象發生，就是束縛與約束住我的東西被丟掉了、被釋放掉了。

如此長久以來的體會與實證，讓我發現與深信不疑這就是頭腦所設定好的一項程式與功能，透過這樣的方式被我發現了。既然這是釋放成功的標準、答案與訊號，那我們就可以把祂科學化、學術化、教育化，進而進入科學界、學術界、教育界、心理學界及全世界所有相關的領域。而不是讓修行與靈性的學術偏隅一方，讓人懷疑而怯步，不相信祂的存在。而是可以透過科學化、學術化，眞正成爲大家都能接受的知識與常識，而不是多數人認知的怪力亂神。

當這種訊號成爲一種標準與答案時，釋放成功與否會在自己心裡開始有了依據。每當我卡住時，我會思考如何去解決及跳過這些坎。釋放與否我就有了這個標準作爲依據。

當我確認了這種現象是頭腦已經設定的程式與功能時，我開始去研究它及如何跳過被卡住的坎。

記得我們家的小朋友都還在念書時，老師常常都會寫聯絡簿或是打電話到家裡來，訴說孩子在學校出現什麼狀況，於是當媽媽的非常辛苦都要到學校去排解，當時我也是覺得非常困擾與煩心，於是我就在門前的公園散步，思考著如何跳脫，走著走著，想著想著，思考著如果這些問題是孩子避免不了的，那就讓孩子親身去經歷吧！或許我的孩子就是必須經歷這些才能學習成長，當我這麼想時，說服自己及理解到這個件事，同時我也接受了這個事實，當下鬆開了，想法全部消失了，安定與平靜的現象與感受出現了，我就知道我又跳脫了，同時我也察覺到說服自己、理解與接受也可以是一種心理釋放的方法。

於是我開始嘗試去用在其它地方。也是一樣是有故事的。

有一次我騎著機車要去基金會的路上，我察覺到心裡有一種情緒及感受困擾著我，於是我心想要不然來試試看，仔細想了想，原來是過去一個事件讓我心存憤怒，有所放不下，所以在那個當下從腦海中跳了出來，於是我告訴自己，釋放掉這種憤怒的感覺，非常驚奇的事情發生了，安定與平靜的感受又出現了，事件、憤怒當下也不見了，我心想這樣子也可以喔！

於是我開始去察覺腦海中出現的過往，及自己的心理問題與情緒事件來做實驗，還真的就是這樣子，當我找到控制時，控制不見了。當我找到焦慮時，焦慮不見了。當我找到羞愧感時，羞愧感不見了。我在想，天啊！怎麼這麼好用，真的是天大的發現啊！

於是日子就在察覺與釋放間不斷實踐與循環，接下來我又發現與察覺到被我釋放掉的情緒、感受、心理問題真的弱化了、無感了，過往會因正義感而產生的厭惡與憤怒，現在居然不會了，弱化了，面子問題不見了，羞愧感減弱了，我可以很自在的與人交談，以及訴說著自己埋在心底深處不敢說的事，可以與人分享及交流，自己變得坦誠及率真了，天呀！這是多麼大的自由與自在及解脫啊！

就這樣子經過長時間的研究與實踐，覺得這套心理釋放的學術愈來愈成熟及穩定了，所以就有了出書的想法。

4.何謂心理釋放？

在這裡給心理釋放的定義：一連串去蕪存菁的過程。

情緒主要來源除了自序所寫的狀況及外在的刺激與一出生就帶來的先天性格之外，還有就是頭腦的現象所產生出的情緒。

人們爲什麼會有那麼多的心理問題，追其究竟，也就是因爲我們有這個意識的存在，我們要講頭腦也行、要講大腦也行，要講腦袋也行、要講認知也行、要講行爲模式也行、要講意識型態也行、要講心理狀態也行、要講思想也行，總之我們可以用種種的稱呼、名詞、形容詞來表達它的存在。

而它的存在也讓我們有思想、情緒及感受……等等意識上的作爲，在這個過程當中從出生到此刻，我們會建立一個屬於自己的觀念、想法、行爲模式，而且是個非常獨特的現象，也就是每一個人建

立起的觀念、想法、行爲模式均不相同，各位可以思考看看，整個地球有多少人類就會有多少不同的觀念、想法、行爲模式等等不同的意識。有多少種族，多少國家，多少團體……等等，就會有多少集體意識、集體認知及集體想法。

很自然地人與人之間會因意識、想法不同而產生隔閡與障礙，種族與種族之間，國家與國家之間，團體與團體之間，更容易引起這種因集體意識所產生出的隔閡與障礙。

加上人類的頭腦設計上有個非常大的缺陷，也就是心裡會有自己的想法，但是說出來的，表達出來的又可以與自己心裡所想不同，通俗一點的講就是口是心非，或心口不一。

這種狀態使得我們無法瞭解到對方眞實的想法及意思，而我們想要表達的意思也很容易讓人做出錯誤的解讀。我們常用自己的經驗來猜測、解讀對方眞實的想法，在這種狀態下很容易讓人與人之間增加了許多猜忌與懷疑、誤解及錯誤的判斷，因爲我們無法得知對方眞正的想法，於是更多的心理問題被創造出來了，因爲我們無法眞實知道對方的用意與想法，而這就是我們的頭腦，這個意識的頭腦最大的問題與缺陷。

所以很自然的我們會有自我保護、自我防衛的機制出現，而產生出更多的猜忌、懷疑與誤解。於是我們的頭腦開始胡思亂想，心理問題、心理障礙就會不斷加乘，不斷累積，在心裡面因爲時間的累積而不斷增加、增加再增加，直到我們幾乎忘了它的存在，甚至會否認自己根本沒有這方面的心理問題，進而產生了許多負面的想法、情緒與感受，讓自己深深的被這種心理問題困擾而不自知。一圈又一圈、一層又一層、一堆又一堆地把自己束縛住、封鎖住、禁錮住，於是人們就稱它爲創傷、垃圾、過不去的坎、心理的坑洞、膿包……等等。我統一稱這種現象叫心理問題，當我們無法無拘無束，自由自在的時候我們就被這個心理問題束縛住了。

我常常聽人在講，小時候的創傷及成長過程足以影響一個人一生的心理狀況。但我的見解是，人除了有小時候成長的過程，還會經歷許許多多的過程及際遇，在這個過程及際遇中我們還是會遇到及製造產生出許多心理問題。

各位想想我們是否經歷過求學階段、交友階段、婚姻階段、親子階段、不婚、失婚、喪偶、分手、失去自己的親人、失去心愛的寵物、物品、生病……等等太多太多了，只要會讓我們產生負面思想及情緒、感受都算是心理問題的一種。各位思考看看這些過程當中是否對我們的人生造成了種種的心理問題。

我想要告訴各位的是，我們不要被小時候的創傷以及成長過程的心理狀態的說法所侷限了，而希望各位放眼於我們這一生所遇到的一切心理問題，包含上一刻所發生的心理問題事件。找到它，發現它，這樣才能真正解脫自己。

目前寫了那麼多似乎跟心理釋放沒有很直接的關係，反而呈現的是與心理釋放相反的，而我要表達的重點是什麼呢？也就是我所要表達的去蕪存菁的「蕪」，蕪就是等於心理問題的意思。那「菁」呢？菁就只是個很純淨的狀態。

舉個例子來說。

我記得我念高中時，常常會和同學相約出去玩，通常我就是那個會提早到，而且會遵守約定時間的那個人。守時、守信是很好的習慣與行爲，也是一種正向的行爲與認知。可是呢？就會有同學常常遲到，常常不守時，有時候甚至爽約，把我氣得要死，心裡的埋怨、憤怒、不滿一大堆，這時候我是不是產生了負面的思想、情緒與感受，心理問題是不是也就產生與製造出來了。如果守時、守信是一種「菁」的狀態，那我心裡一堆的埋怨、憤怒與不滿就是一種「蕪」的狀態。

透過這個例子各位是否能理解其中的要義是什麼？也就是說我們守時又守信，但是不會因爲別人不守時、不守信而產生負面的思想、情緒及感受，這就是純淨「菁」的狀態。

事實上心理釋放只是我們找到了事件及起因、答案、眞相及其中所產生的情緒與感受還有心理問題，以及我們思想的突破而已。這不但是個新發現，而且是有方法解決及教導人們如何突破這種心理的問題，因爲它就是眞眞實實發生在我身上，也在我心裡實踐了好多年，直到現在我都還在使用。

5. 如何發現？

這就要追溯到15年前，我在衡山基金會，在懷中抱了個大理石的金龍珠開始說起。其實那時候的我跟一般人沒什麼不一樣，每天過著朝九晚五的日子。別人是朝九晚五而我常常是朝八晚十二，因爲心裡想著的都是追求著五子登科的理想與目標，搞得每天都非常忙碌，而且煩心的事情很多。可是我就是非常喜歡去衡山基金會抱珠，說出來的理由或許您會覺得好笑，因爲有免費的冷氣可以吹，又有舒服的沙發可以坐，還有一顆神奇的金龍珠可以抱，舒適的環境，輕柔的音樂，讓我可以好好放鬆，消除每天被太陽曬、被工具吵，還有常常因爲要搬重物的勞累感。這樣的環境對我而言猶如天堂，只要能提早下班，毫無懸念的就衝了過去享受一下，心想人生最快樂的事情也不過如此而已。

日子久了，我也慢慢發現到一件事情，爲什麼常有事情卡住我，然後又在我常常的思考下一一被解開。有一次記憶非常深刻，那時似乎像是脫了韁的野馬，高興的不得了，這時候座騎由野馬變成了野狼在馬路上狂奔、亂跑。有點年紀的朋友應該看得懂吧！野馬是動物的馬，野狼是我座騎的機車，那時紅綠燈已經不是紅綠燈了，斑馬線已經不是斑馬線了，沒車沒人就衝了過去。此時車道也已經不是車道了，我要怎麼變換就怎麼變換，唯一還淸醒的是不要跟自己的荷包過不去，不時注意周遭是否有警察大人。時而站著騎，時而趴著騎，時而雙腳張開著騎。總之當時的心情就是有一樣束縛自己很久的東西被我領悟到從身上丟掉了，眞的是非常開心，那種無拘無束的感覺實在是太好了，而且持續了好幾天。

接下來我又發現，幾天過後又會來一個坎，屢試不爽，就這樣不停的循環，坎來了，坎又走了，我回想以前還沒來基金會的時候也不會這樣啊……於是我發現眞如老師所說，這顆灌有高能量大理石製的金龍珠能與我們內在的靈性智慧相互感應，昇起智慧讓我不斷的解自己的疑惑。那時候我一直以爲每個同修都和我有著相同的狀態，可是經過時間的推移我才慢慢瞭解與發現，不是每個人都是這個樣子的。有些人快，有些人順，有些人慢，有些人卡在坎裡不動，但是整體而言都在進步。後來，老師的一個提點讓我恍然大悟，師父領進門，修行在個人，就是這句話，這個感受至今仍深刻的刻劃在我心中，那個感悟就是眼前一切的事物全都放下了，因爲我看到的、我聽到的、我感受到的現象，終究是因爲被我意識的型態給束縛住了、約束住了，所以對外在產生了評論與不解，於是陷在坎中而不自知。

在這些經歷及許多過程當中，發現自己在這方面的領悟比一般人來得強，於是就在這樣長期的周而復始之下，我慢慢思考、分析、觀察、整理出這套心理釋放的方法。

而在這個過程當中老師並沒有很深入的教導，最記得的是，他要求我研究自己的頭腦。當時怎麼寫也寫不出幾個東西出來，連一張

A4的紙也只寫了一半而已。但是其中有一位同修的學員也接到這樣子的一個指示，他不但將研究報告寫出來，而且寫得非常有系統、有條理、圖文並茂，還爲我們上了一堂課，同樣是在修行怎麼差那麼多？我居然連一張A4的紙都寫不滿，這件事情就被我擱置了不知道多久。

接下來不知道經過多久的時間，一直到自己慢慢對於身、心、靈及它們相互間的關係開始有了通透的瞭解。對於腦海中出現負面的想法、念頭、情緒及感受、心理問題的現象，有了更深的觀察，透過觀察分析自己的意識思路、狀態、體會及結果，慢慢歸納出一些現象。

說更簡單點，就是把自己心理釋放的過程及經歷記錄下來，整理歸納後讓大家更懂得如何去釋放出自己的心理問題。那種效果是當下的，立卽性的。負面的想法、情緒、感受、心理問題或察覺到的想法與念頭會馬上消失。

這個研究與發現一定可以幫助到各種不同領域，及有這方面需求的人，所以提起筆來，寫成書籍告訴大家。

6.真實的面對自己

在心理釋放的過程中，如果無法真實呈現自己的想法，這個心理釋放法將會是個無效的過程。

或許在我們的心中都有些不想再提起、連想都不想去想的過往，甚至把它設定爲永藏心裡的祕密，只因爲再一次的提起會讓自己受傷，而且當你面對心理釋放時，或許又會有更多的保留。其實不難理解的是，一個一直都好不了的膿包也好、腫瘤也好，雖被正常的皮膚覆蓋住，但是終究是好不了，而且會影響身體其它健康的細胞及器官。唯有眞實面對它，才能夠慢慢得到根本的釋放。

眞正的問題自己最清楚，一位心理釋放的引導者也是要透過望、聞、問、切來瞭解對方眞實的內心狀況，給予適當的引導與指引，協助對方找到問題的根源，協助排除心理的問題。雖然重提往事讓人痛

苦不堪，但釋放掉了也意味著不再爲其所苦了。

在我研究的個案當中，近期爲了一件苦惱、煩心、在意的事情，始終讓當事人揮之不去，經過心理釋放的引導後，那種揮之不去的想法已經淡薄許多，但總是在他的腦海不斷浮現，就在一句眞實面對自己的提醒後，當事人終於表達出更完整的事件始末，那我也順勢引導他找到情緒、感受、事件的根源，雖然仍有些忐忑不安，因爲晚上即將會與那個事件的起因人相遇，結果相遇時情緒是平靜的，連他自己也很意外，也很讚賞這心理釋放的效果。

畢竟心理釋放是在心中就可以完成的事，如果您是那種表達有困難或者是表達會有障礙，或者是眞的是無法在人前袒露自己深層創傷的人，那請您在自己的內心，用心去思考，用書上的教導，自己去試試看，我相信多少也會有些效果，而且那個效果你自己也會知道。

7.何謂察覺？

在這裡會介紹何謂察覺的原因是，很多人常常聽到這個名詞，但對於察覺是什麼意思，瞭解的人似乎沒那麼多，可這又是心理釋放這門學術重要的能力，所以特別做了介紹與解釋。

所謂的察覺我們也可以稱呼它爲覺察，或者發現了、知道了、觀察到了或者是注意到了都可以。不管怎麼去稱呼它、定義它或解釋它，總之就是可以發現到自己的問題在那就是了。

我舉個例子來說：

我走在公園裡發現這裡有好多樹，而且每棵樹都是落羽松，然後我又發現了其中一顆落羽松的顏色變化特別吸引我，哇！眞的是好美。此時忽然在我的眼睛餘光有東西在跳動，我發現了原來是隻松鼠，哇！這片樹林眞是充滿了生命力。

在短文裡有我發現了好多樹，這時是單一的發現。然後又發現都是落羽松，這時就是第二個發現。我就叫它複合式的發現。然後又發現其中一顆的顏色變化特別的吸引我，這就是第三個發現。第四個發現是一隻松鼠好有生命力。我統稱這一連串的發現叫複合式的發現。

再來我換個寫法。

我走在公園裡察覺這裡有好多樹，而且每顆都是落羽松。然後我又察覺到其中一顆落羽松的顏色變化特別吸引我，哇！眞的是好美。此時忽然間在我眼睛餘光有東西在跳動，於是我又察覺到原來是一隻松鼠。哇！這片樹林眞是充滿了生命力。

在這個寫法當中有我察覺到了好多樹，這時是單一的察覺。然後又察覺到都是落羽松，這時就是第二個察覺，我就叫它複合式的察覺。然後又察覺到其中一棵的顏色變化特別的吸引我，這就是第三個察覺。第四個察覺是發現一隻松鼠好有生命力。我統稱這一連串的察覺就叫做複合式的察覺。

各位此時會不會深刻知道察覺與發現了是一樣的，可以說毫無違和感。

如果把察覺換成了知道了，或者換成了觀察到了，或換成注意到了，各位思考看看是否都可以，不知哪一個說法能夠觸動您內在理解的心弦。

各位是否曾經在情緒高漲時做出決定，我們再回想看看那個決定是否妥當，如果在那個當下我們察覺到了高漲的情緒來襲，那條理智的線是不是會接回來一點？當我們有所察覺的時候，是否就比較不會陷入更深的錯誤當中？

同樣的，當我們察覺到現在的想法、思緒、情緒、感受、心理問題時，我們才會知道自己處在什麼樣的狀況下，透過這個察覺，尋藤摸瓜，就可以找到問題的根源。

所以我們要常常培養、訓練、學習如何知道什麼是察覺。如何去聚足察覺這種能力非常重要，尤其是這套心理釋放的學術，絕對不可或缺。

我們常常會去想事情，包含胡思亂想，也許在想工作，也許在規劃旅遊，或許在想快樂的事情，也或許在想難過的事情……等等，許多的許多，因爲這就是我們頭腦的功能。那重點來了，如果各位想的是我剛剛在想什麼，我剛才想了些什麼，我剛才爲什麼那麼開心，我剛才爲什麼有很深的失落感、恐懼感，這時的我們就已經開啟了察覺模式。接下來進入察覺模式，察覺到剛才因爲得到路人的肯定與讚美，所以我很開心。至於失落感的部分呢？因爲原本跟朋友約好要到清境農場走走，結果朋友臨時有事推遲不掉，所以沒辦法去了，於是我覺得有很深的失落感，這就是我所謂的察覺。

各位要慢慢地去學習察覺這件事，記住我要學習察覺這件事，可以記錄在記事本裡。尤其現在手機這麼方便，找個手機的角落記錄下來，或者在我們生活圈裡找個地方記錄下來，讓我們常常看到它，提醒自己，我要學習察覺這件事情。

在自己休息片刻，或空閒時，練習一下，剛才思緒中出現了什麼樣的想法與念頭？有什麼樣的情緒及感受與心理問題？就算是過往的事情、情緒、感受、心理問題都沒有關係，我們盡量地去發現。還是我們看到什麼、聽到什麼，會聯想到什麼也都很好。或者是它會自動出現，這時候要知道它又來了，眞是陰魂不散，如果是這樣那就更好了，因爲想都不要想，此時只要知道它又出現了，我要怎麼來解決它，這樣就是察覺了。

我要怎麼來解決它？此時我們即將進入更深一層的察覺，因爲即將開始尋找、發現問題出在什麼地方，而這一連串過程就叫自我察覺、自我發現。培養自我察覺、自我發現變成一種習慣，進而變成一種能力。

8. 心理釋放的種類

一、察覺釋放法

1. 單一　事件、情緒、感受、心理問題、想法、念頭、找答案與眞相及起因　察覺釋放法

2. 複合式　事件、情緒、感受、心理問題、想法、念頭、找答案與眞相及起因　察覺釋放法

二、情境溯源釋放法

三、憶想釋放法

四、正面思考釋放法

五、理解釋放法

六、說服自己釋放法

七、接受釋放法

八、睡眠釋放法

這些釋放法是我觀察、分析、研究自己突破心理問題後的思路過程，我把它們整理、歸納後得到的方法。

9. 釋放的時機

這套心理釋放法並沒有使用的時機，不需要靜下來，不需要身體放鬆，也不需要借助什麼輔助，只要察覺到了就可以進行，唯一要注意的是不要一心兩用。如果您現在正在看電視，那就把看電視的注意力轉移到思緒上，即可做釋放。那如果現在在坐車，就把注意力轉移到思緒上即可。沒有時間、地點的限制，只要有所察覺就可以選擇做或不做，如果當下不方便，也可以等事情過後在來釋放。甚至在我們空閒時也可以主動找尋，主動去做心理釋放，非常方便。

10.察覺釋放法

在這我必須先說明一下，一模一樣的事件所產生的情緒與感受、心理問題被察覺發現找到過後，剛開始會有釋放成功的效果。同樣的問題如果用同樣的方式與答案再來做釋放時，此時的釋放會變得沒有效果了，因爲已經被之前給釋放掉了。這時要用其它釋放法來做釋放，或者用另外一個事件、起因、視角、思路、深度的思考來找尋各種不同的答案與眞相，再來將同樣的問題給釋放掉。

有時候我們剛在學習，也許會尋找的不完整，但是在當下您會覺得好過一些，因爲沒有完整察覺所以也就無法完整釋放。

舉例來說：

我的數學一直以來都很不好，就連那種只要背公式，套入公式就能得到解答的題目，我都學不會。到現在想起來才知道，是因爲什麼是公式我都不知道，實在也是覺得好笑。相信從這裡各位會發現，我眞的不是塊讀書的料，就算知道只要背起來，就能求得答案。各位是否相信，當我看到那個什麼A+B、括弧，又是等於什麼的，我連背都覺得頭痛，連數學老師都搖頭，所以數學一直以來都是我放棄的科目。

爲什麼要提起這段國中所發生過去的往事？原因就是在一次數學小考後，大家都考得還可以，我也考得還不錯，因爲有雞蛋、鴨蛋、鵝蛋隨我挑著吃，老師也很驚訝，於是把我叫上台去，他也沒有打我，也沒有罵我，只是消遣消遣了我，那時只感覺到非常無地自容，也非常委屈，喉嚨裡不知哽住了什麼，但我是個既高又大，又有點好看的男生怎麼可以掉下眼淚呢？當下只能隱忍下來。這個事件過了許多年，只要看到與數學相關的事情，我都會想起這段往事。

看到這大家笑一笑就好了，重點是我察覺到了這個事件，在這個事件我產生了羞愧、委屈的感覺、還有悲傷的感受，此時羞愧、委屈的感覺、悲傷的情緒，就被我的察覺及發現與找到了給釋放掉。雖然心裡好過一些，但是這個創傷、心理問題仍然在腦海裡不斷浮現，這時候要做的是思考，思考看看還有哪些情緒、感受、心理問題還沒被找到？再度想了想，我的內心還有憤怒、怨恨、討厭、不滿的情緒及感受與心理問題，當我又找到那麼多的情緒及感受與心理問題時，這個事件及那些情緒及感受與心理問題，立卽在心裡、腦子裡消失不見，完全釋放掉，心中充滿平靜與空空的感覺而且分外輕鬆，那我就稱這種現象爲完整的心理釋放。

反過來說，當我察覺到情緒或感受與心理問題時，我也可以去找出相關的事件。我現在察覺到了羞愧感、委屈感、還夾帶著憤怒，此時我深度的思考，找到了，原來在國中的時候，數學老師在全班同學前面消遣我，我覺得很羞愧、很委屈也很憤怒，此時我是不是找到了情緒及感受與心理問題還有事件與起因，這時候情緒與感受及心理問題還有事件都會被釋放掉了。就是這麼簡單容易，就看您學不學得起來。

單一事件、情緒、感受、心理問題、想法、念頭、找答案與眞相及起因 察覺釋放法

這裡的單一指的是沒有衍生性的問題。例如：我的機車被刮傷了，不知道是誰那麼沒有公德心，我覺得很生氣。此時就只有生氣這個情緒而已，並沒有其他的情緒產生，就稱作沒有衍生性的問題。

單一的事件

我察覺到腦海裡浮出了一個念頭，仔細想了一下，原來是在金門服役時，目睹了軍車翻覆的事件，那是一輛裝載無後作力反坦克式的砲車，因爲車速太快，爲了閃避另一輛車撞上了路旁的水泥塊，整輛

車彈起翻覆，坐在車上的戰士被這突如其來的撞擊高高彈起，其中有一位戰士整個人胸口撞上水泥塊上，馬上看到他的臉色愈變愈黑，一直喊著救我、救我，聲音越來越微弱，此時正好來了一部指揮車，我馬上攔了下來，趕緊請車上的長官送他到金門花崗石醫院就醫。

當我的腦海跳出這個事件後，接下來並沒有再跳出後續相關的事件，我就稱這種狀況爲單一的事件。

當然一開始察覺到的只是一個事件、一個想法或是一個念頭，然後我們深思這個概想與念頭，直到出現整個事件、起因及經過，接下來要做的是深入思考，思考我們在這個事件中產生了什麼樣的情緒及感受與心理問題？於是我找到了是被眼前突發的事件產生了驚嚇感。看到眼前這位阿兵哥臉色愈變愈黑，逐漸失去生命，我產生了恐懼的情緒，又想到他不知道會不會陰魂不散來找我的恐懼感及焦慮，然後又覺得人的生命很脆弱的無奈感及幾許感慨的情緒。

找到了事件與起因的情緒及感受，心裡的垃圾、創傷、坑洞……

等等，就會被逐一釋放掉了，此時深藏在心裡許許多多的心理問題就又被丟掉了一項，一直重複這樣的模式，心理的問題就會愈丟愈少，束縛與約束也就會愈來愈少，人生也就會愈覺得輕鬆無礙。

單一的情緒與感受

一次只釋放一種情緒或感受。

在這裡我們必須知道，情緒與感受的起因與發生。是因爲發生了什麼樣的事件，情緒與感受才會被創造出來？所以要釋放情緒與感受及心理問題，事件的發現也是必要條件。多數心理釋放的契機大都來自於我們腦海間的浮現，對於這種現象我們要特別注意與察覺。

舉例來說：

現在我察覺到腦海中出現一個概想與念頭，我停下原本的思緒，將注意力轉到剛才的概想與念頭上，經過察覺發現原來是個借筆不還的事件概想，我很直接出現了憤怒的情緒與感受，又直接想到國中時隔壁的同學借了支我很喜歡又很特殊的筆，一直都要不回來的事件，所以我覺得很憤怒。接下來我告訴自己釋放這種憤怒的情緒與感受，此時事件不見了，憤怒也消失了，這就是我所謂的單一情緒與感受的釋放，因爲一次只釋放一種情緒與感受。

還記得落羽松那篇短文中出現的單一的察覺嗎？因爲單一的察覺，單一的情緒，形成了單一的釋放。

初學心理釋放，可以先就這個模式來練習與學習。有時這種概想與念頭會很快、很短的出現，又快速消失，不太容易察覺到，會知道有個想法與念頭閃過，但是是什麼樣的想法與念頭不是很清楚，此時再回想一下，剛才出現的想法與念頭是什麼？這樣可以幫助自己捕捉到這個概想，進而進行後續心理釋放的程序。

單一的想法

沒有衍生性的想法。

所謂沒有衍生性的想法指的是，它就只是單一的一個想法而已，並沒有伴隨其它想法的出現。

有時各位會覺得就只是個想法、念頭而已，跟心理釋放有什麼關係？而且每天腦海出現的想法、念頭這麼多，怎麼一一去察覺與釋放呢？也的確是如此，例如：我今天中午想要吃什麼，忽然想到有一件還沒做的事，像這種類型的想法與情緒、感受、心理問題沒有那麼直接的關係。

有一種類型的想法是，剛才主管指責的事情到底是在講誰？沒有指名也沒有道姓，也不知道在講誰。有些人很容易就會掉入猜忌、懷疑的情境當中，或其它的情緒及感受與心理問題的情境當中，他是不是在講我啊？自己的頭腦會不會一直環繞在這個議題當中，此時要去思考這個想法背後隱藏的情緒與感受及心理問題。第一個察覺到的是猜忌、懷疑，釋放掉猜忌與懷疑。有沒有揣測的心理？釋放掉這種揣測的感覺。有沒有焦慮的心情？釋放掉這種焦慮的情緒。如果說的人是我會不會有羞愧的感覺？釋放掉這種羞愧感、委屈感，因爲主管誤會我了。或者有些人會有厭惡感或憤怒感……等等。

重點是每個人有不同的意識型態及固有的觀念、想法，自然而然會出現的情緒與感受會不同。如果您是引導者就必須試著去深入瞭解對方的心理問題。

單一的念頭

我察覺到剛才跳出一個念頭，想到了以前服役時的一位部屬，退伍後在一個偶然的機會遇到了他，我心裡在想，完了！當時他是一棟公寓大樓的管理員，正好我要到社區工作，回想起當初在金門服役時常常責罰他，記憶深刻的是在他退伍要搭船回台灣的那一天，我很熱情的跟他打招呼，恭喜他平安退伍，他卻只是冷冷看了我一眼而已。於是想著等一下不知他會如何刁難我，心裡著實不安，既害怕又擔心還猜疑，心裡有許多許多預想，但是呢？不管如何還是要去登記。結果是出乎我意料之外的熱情，還跟我話把當年，聊得愉快的很。因爲他也知道當年責罰他也是因爲他自己不守規矩，那我也是爲了一個公平性，必須服衆所做出來的手段而已，並不是因爲私人恩怨要處罰他。釋放掉這種猜忌、懷疑、恐懼、害怕、焦慮、擔心。

透過這個經歷，我發現人們對於未知總是有許多猜想、預測、懷疑、焦慮、自我保護、自我防衛的想法，這就是人類頭腦功能的一部分，也是讓我們常常陷入情緒的陷阱，回想起來這些顧慮都不是眞的，也都不會發生。

所以我們要常常質疑這個頭腦及想法，不要讓自己掉入陷阱中，讓自己活得那麼難過。那麼多的猜忌、懷疑、誤解背在自己身上，有時候那是一輩子的耶！值得嗎？

單一的答案與眞相及起因

找到根源的答案、眞相及起因，心理問題也能釋放。

舉個大家都有經驗的例子，在人與人的相處當中，尤其是夫妻、男女朋友、親人間或是朋友的相互對待，關係可說是相當親密，互動也最爲頻繁，但是再好的夫妻、男女朋友、親人或好朋友，難免會爲了些事情產生口角、爭執、吵架，那時候八百年前的事情是不是常常被拿出來說嘴？當初要不是我對你付出那麼多，你能有現在的成就嗎？你看我幫你搬家，送你那麼多的東西，又對你那麼貼心與照顧，你現在是怎麼對待我的？要不是我在家照顧孩子，照顧爸媽，你能好好工作嗎？那先生也會說要不是我辛勤的工作，每天早出晚歸累得跟什麼似的，爲的也是讓你們過好一點的日子啊！可以寫得眞的很多，在這個中間彼此會產生許多摩擦，同時也產生了許多情緒與感受及心理問題，在這就不多加敘述了，那些情緒與感受及心理問題相信各位也不難找到。

這些情境裡面會有一個根源性的答案、眞相與起因，這個答案就叫做：對價關係。我對你的付出是有對價關係的，我對你的好是有對價關係的。反過來說，你對我好是有對價關係的，你對我的付出也是有對價關係的。因爲這個對價關係在夫妻關係、父母關係、親子關係、朋友關係，會產生及製造出非常多、非常多的情緒與感受及心理問題，許許多多的人身陷其中難以跳脫。

這時候我所做的心理釋放是，因爲我有這種對價關係的想法、觀念造成了對我意識、思想上的制約與束縛。而且這本來就是人性的一部分啊！當下就釋放掉了許許多多東西，整個人就平靜下來了。

有時候，一時之間我們會找不到，但是沒有關係，或許就在不經意間答案就出現了。也或許在下一次問題出現時就找到了。

心理問題

例如：逃避、不公平、失去、階級、爭、控制……等等。心理問題與答案、眞相、起因有很高的重疊性，分開寫是爲了讓大家能更釐清自己情緒、感受的來源。

總之會產生情緒、感受的問題，我都稱它心理問題。那反過來寫，心理的問題會產生許許多多的情緒、感受、事件，相信每個人都曾經有這方面的經歷，應該不難理解。

心理問題就像是個獵人一樣，獵人會觀察動物行徑的路線，然後在各種獸徑上佈上許許多多的陷阱，也會觀察判斷是什麼樣的動物去設什麼樣的陷阱，可能是捕獸夾、也可能是鋼絲套索、可能是個地洞，也可能是個籠子等等。不同的動物就會有不同的習性，被獵人掌握到了，動物就會掉入陷阱，而無法逃脫。

那各位想想人類是不是也是動物，會不會有各種不同的習性，那陷阱像不像是心理問題，當我們踏進自己心理問題的時候，是不是就觸發了陷阱，掉入了陷阱，進而產生出了情緒與感受，那情緒與感受會不會又造成了許多事件，而又產生更多的心理障礙及心理問題。那條習性的路徑會不會更加的寬廣深刻，更加的寬廣與深刻是不是又會讓自己變成一個難以抹滅的習性，於是就形成了不好的循環，各位思考看看是不是如此。

那當我們掉入情緒、感受的陷阱後要如何掙脫，重點來了我們要透過察覺，透過察覺到原來是因爲我有個心理問題叫不公平，所以我產生了憤怒、委屈、無奈、悲傷、無助、無力感……等等。因人而異就產生了什麼樣的情緒及感受，產生什麼樣的情緒與感受將它找出來，它就會被釋放掉了。

相反的我現在的憤怒、委屈、無奈、悲傷、無助、無力感，原來是我有要公平的意識觀念與想法，釋放掉這種要公平的意識觀念與想法的束縛。

那憤怒、委屈、無奈、悲傷、無助、無力感的起因及眞相與答案就是不公平。

在這裡我必須要說明的是，並不是公平不好，而是因為要公平所產生的情緒與感受不好。去蕪存菁的釋放這些不好的情緒與感受。

複合式 事件、情緒、感受、心理問題、想法、念頭、找答案與眞相及起因 察覺釋放法

找到的事件、情緒、感受、心理問題、想法、念頭、找答案與眞相及起因不只一個，是多重而且互相交錯，相互連結、相互衍生、相互影響、相互聯想、不斷連結。趁這個機會找尋，於是就不斷釋放。

我記得我在退伍後有整整一年的時間，每到假日的最後一天，都有一種莫名的擔心、恐懼、焦慮、離別感、無耐感、傷感，好像仍然生活在部隊當中要趕著回部隊收假。在部隊裡逾假不歸或超過時間歸營是很重大的軍紀事件，通常會受到嚴厲處分。寫到這我又聯想到，

在軍校時有次就差那十分鐘，晚了一點參加收假點名就被處分禁足一週，假日出操基本教練。當時心裡眞的很不服氣，才晚十分鐘而已，卻要受到那麼嚴厲的處分，心裡著實很委屈也很憤怒。事後軍校畢業到了部隊服務，自己當了幹部才知道軍隊的紀律是維持軍隊的生存與運作重要關鍵。我晚個十分鐘，他晚個十分鐘，那要如何帶領部隊，如何管理部隊，如何在同一個時間執行任務。

遵守時間對一個受過軍事教育的人而言，是必備的條件，所以守時、守紀律、公平、公正、服從、階級、忍耐、堅毅、剛直對於一個陸軍軍官學校畢業的我而言，幾乎刻進了骨子裡。其實這種特質對於一個職業軍人的認知而言是再平常不過了。

可是就在我退伍後當了老闆，當客戶知道我是職業軍人退伍後，很多人尤其是做生意的客戶，對我的評語常常就是死腦筋，不知變通。聽到這我的情緒又上來了，當然我不會表現出來，可是心裡卻覺得很生氣、不解、無奈、也很壓抑又很忍耐，並且不以爲然。心想是你有問題吧？講話不明確我要怎麼工作，講好的事也不守信用，說改就改，那我們事前的溝通不就隨便說說而已嗎？於是又衍生煩躁、生氣、厭惡、嫌棄種種情緒與感受及心理問題，心想要不工程就做到這就好了，接下來您找其他人做，這個想法又讓我產生了挫折感、失敗感、無力感、沮喪、無奈，悲傷的情緒油然而生。

不好的情緒一直在我心裡發酵，看到孩子一早起來上學時間快到了，還一副無所謂的樣子，我那刻在骨子裡要守時有紀律的想法，完全不假思索、直接衝上腦門，不符合我的期待與要求，毫不思考完全沒有猶豫，馬上責罰。於是對我的孩子而言又形成了一個新的事件，又一輪的心理問題被創造出來，事隔多年我依然記憶深刻。

接下來我就將這個人生的經歷當作例子，寫成我所要表達的複合式事件、情緒、感受、心理問題、想法、念頭、找答案及眞相和起因察覺釋放法。

事件：我退伍後整整一年的時間，每到假日的最後一天，都會想著趕回部隊報到。

情緒與感受：莫名的擔心、恐懼、焦慮，離別感、無奈感及傷感油然而生。

想法與念頭：好像仍生活在部隊當中，要趕著回部隊報到。

到這裡先告個段落，大家看到這裡是不是發現事件、情緒與感受、想法與念頭這三者已經被連結在一起了。

那當我察覺、回想到這個事件時，我產生了莫名的擔心、恐懼、焦慮，離別感、無耐感及傷感，釋放掉這些情緒與感受。

因爲害怕被責罰，此時答案與眞相還有起因出現了，因爲害怕被責罰，所以擔心、恐懼、焦慮不已再加上離別感、無奈感、傷感油然而生，告訴自己釋放掉這些情緒。

當我出現擔心、恐懼、焦慮、離別感、無奈感及傷感時，我找到這個事件，釋放掉因爲這些情緒及感受所產生的事件。

此時事件、情緒、感受、想法、念頭會完全不見，如果沒有完全不見，至少會鬆開很多，至於還沒有釋放的部分我們繼續去連結，連結相關的事件，相關的情緒與感受，相關的想法與念頭，找到答案、眞相與起因繼續察覺情緒與感受及心理問題，一直做到完全釋放。這最需要的是透過慢慢學習、練習與培養的，讓我們的頭腦活化這方面的線路，讓我們更具備有這樣的能力。

至於心理問題，大家想想看，這整個敘述是不是個心理問題，說仔細一點，因爲害怕被責罰這個答案、眞相與起因，是不是造成了許多許多情緒與感受，而產生出種種的心理問題。也因爲心理問題而產生出種種的情緒與感受。

那因爲這個事件，我是不是又連結到了遲到被處罰的事件、被客戶評論的事件，孩子被責罰的事件。然後又連結到其它不同的情緒與感受還有心理問題，不同的想法與念頭，不同的答案及眞相與起因、不同的心理問題。就像樹狀圖一樣相互連結，環環相扣。

一次連結出那麼多的問題，要釋放時會比較沒那麼完整，我們只要掌握個小技巧，也就是找一段，釋放一段，找到情緒與感受及心理問題就釋放發現的情緒、感受及心理問題，及背後隱藏的情緒、感受及心理問題。找到事件就釋放事件所產生的情緒、感受及心理問題，及背後隱藏的情緒、感受及心理問題。找到答案及眞相與起因，就釋放掉所產生的情緒、感受及心理問題，及背後隱藏的情緒、感受及心理問題。

11.情境溯源釋放法

觸景傷情、尋找記憶中相關的情境。使用相當廣泛。

例如：事件、情緒、感受、心理問題。

上個月到醫院去幫父親拿處方簽的藥，排隊時突然有股莫名焦慮的情緒出現，察覺後馬上對自己說釋放掉這種焦慮的感覺，然而沒有多大的效果。於是我又對自己說因爲焦慮到醫院拿藥會有染疫的風險，這時候感覺好像鬆開了一點，於是我又繼續去找、去回想，想到現在在排隊，於是我就在腦海裡搜尋有關排隊的記憶及情境，東找找西找找都沒找到可以釋放掉的答案。後來想起以前服役要回部隊時都要排隊買車票，常常會害怕買不到車票，到時候又會無法按時回部隊報到的那種焦慮感，很奇妙的當我想到這裡的時候，焦慮感當下不見了，出現的是安定與平靜的心境與感覺。我就知道這種情境的焦慮感被全然釋放掉了。

既然有這種模式可以釋放情緒，我們是否可以給自己出現的情緒與感受及心理問題來搜尋相關情境，釋放掉更多塵封已久的情緒與感受及心理問題。

我現在在公園看到小朋友玩耍，腦海裡開始浮現許多我童年時的記憶、我的小孩的記憶、朋友小孩的記憶、孩子出問題的記憶……等等，太多太多了。出現了那麼多記憶會不會也因爲如此想起許多事件、情緒、感受以及許多想法與念頭，以及許多心理問題。這個時候好像大豐收一樣，各式各樣的回憶湧上心頭，那我們一個一個的來釋放，一段一段的來釋放。要是多到會忘記，那我們就可以把它先紀錄下來，等我們有時間的時候再來一一釋放。

可以釋放的眞的很多，現在正好一輛救護車從家門口經過你會想到什麼。看到別人有說有笑又會想到什麼。看到朋友在講手機你又會想到什麼，太多太多了。這些是人事物的方面。

接下來換情緒、感受、心理問題。想到高興你會想到什麼，想到罪惡感你又會想到什麼，想到驕傲、自大你又會想到什麼。痛苦、悲傷、憤怒、被誤解、被責罰……等等，也是一樣太多太多了。

再來心理問題。慾望、不公平、匱乏、好勝、面子……等等，你又會聯想到什麼。

那麼多的什麼，那個什麼的背後隱藏了些什麼會引動我們的情緒與感受，把它找出來。還記得找到答案、眞相、起因嗎？找到心理問題嗎？只要有鬆開一點，雖然是邊邊角角的答案，只要有鬆開一點，就是有找到了。如果找到的那個點後是有效的，當下的情緒、感受、心理問題、事件立卽消失，結果就是完全釋放、完全鬆開。

12. 憶想釋放法

用於訊息量較大，或引導表達有障礙的朋友們時。

當情境溯源釋放法，出現大量需要被釋放的事件、情緒、感受、心理問題、想法、念頭、答案、眞相、起因時，我們可以用憶想釋放法。那個狀態就好像人生的跑馬燈一樣，不斷閃過腦海，這時也可以達到釋放的效果，相當有效率。

或者在引導別人做釋放時，可以請他用憶想的方式，處理這種大量訊息，這麼做最主要的原因是可以節省很多時間，比較不會耗弱彼此的精神，至於要如何運用端看當下的情形而定。

例如：匱乏。簡單一點可以說爲什麼別人有的我沒有，反過來說也就是我很羨慕或忌妒別人，這時候我們可以引導當事人回憶他人生當中別人有的而我沒有的人、事、物。此時當事人就可以不用不斷的口述。來。想想你的同學，想看看你的鄰居，在想想你的親人朋友……等等。接下來我又羨慕了什麼、忌妒了什麼，有什麼樣的人事物，請當事人憶想，就如同上述的引導方式，都可以達到釋放的效果。

至於有表達障礙的朋友們，我們可以結合單一、複合式、情境溯源釋放法相互的運用來引導他們表達出來。

例如：你現在想到什麼事件，產生了什麼情緒與感受與心理問題。

你現在有什麼情緒與感受及心理問題，起源於什麼事件？

看到這杯飲料你有想到什麼事件嗎？

這個事件對你造成了什麼影響，所以你有沒有痛苦的感覺，有沒有憤怒的情緒……等等。

在有限的線索裡引導他憶想出情緒與感受及心理問題，幫他發掘、揣測他的心理問題及沒想到的情緒與感受，另一個說法也就是幫他找答案，再詢問他是否有那樣子的心理問題及情緒與感受，然後詢問他是否有鬆開一些及現在頭腦及心裡面的狀態如何，引導者就可以知道當事人是否有找到問題點而達到當下完全釋放。

完全釋放的頭腦狀態及內心狀態在後面我會寫到。

但是在這之前有一個很重要的議題，不知道各位是否還記得，那就是當事人必須要真實的面對自己，這樣的引導才會有效果。

13. 正面思考釋放法

頭腦是個情緒製造機。

還記得在何謂心理釋放的那個章節嗎？在裡面提到的頭腦有個意識設計上最大的缺陷嗎？心裡面有想法，但是這個管理意識的頭腦卻可以違反心裡的想法而做出不同的意識作爲、常常做出錯誤的解讀而產生誤解。如果我們溝通、交流的方式是直接用心與心直接對話，是否就可以沒有猜忌、懷疑、誤解及接下來衍生出的問題及其它的情緒、感受及心理問題，但是在我們的世界並不是這個樣子。經驗讓我們發展出自我保護、自我防衛的機制，對於人總保留些戒心，我們總是用自己的經歷來解讀這個世界。當我們又不知事情眞相時，這顆頭腦總是不會放過自己，好像是一位電視編劇或者電影編劇一樣，不斷去創造出很多劇本與情節，眞實得好像自己就是劇中角色，然後會如

此相信這個頭腦所編出來的故事，甚至陷入其中無法自拔，而且愈編愈大，愈編愈精彩，讓自己的身上不知背了多少枷鎖，一圈圈把自己綁在這個虛擬想像的世界，所有情緒、感受、心理問題把我們束縛得無以復加，非常的難過，也非常得痛苦。甚至有時候我們也會有要讓別人痛苦的報復心理，但是各位是否想過，當自己這麼認爲時自己也不好過啊！自己也被那些情緒、感受、心理問題給禁錮了、綁架了。

所以在這裡告訴大家，眞的不要太去相信你的頭腦，頭腦是天生的編劇家。在我的經驗當中這種編出來的劇通常不會發生也未必眞實，當這種劇情及劇本上演時我們要好好的質疑我們的頭腦，不要讓我們掉到頭腦的陷阱及情緒與感受還有心理問題裡。

看我把頭腦寫的一文不值的樣子，似乎我非常不認同這個頭腦的存在。其實我並不是不認同，只是要注意頭腦有這方面的問題。畢竟我們醒來之後要用的也是它，讓各位知道它的問題也就是要各位儘量的避免因爲它的缺陷而落入它的陷阱，如果落入了要有察覺的能力跳出來。所以正面思考就成了一個比較好的方式。

我們要善用我們的頭腦，往正面去發展。生活、工作、思考、學習……等等總是需要用到它，多用它來創造人類的福祉、人與人之間和諧的發展、人與動物、環境及我們生存的地球和諧、共榮的發展。

當我們有負面情緒及感受與心理問題來的時候，各位可以去觀察自己頭腦中的思緒，許多時候我們會陷在情緒及感受與心理問題當中一直打轉，一直去鑽牛角尖，尤其對察覺力較弱的朋友或者是較感性的朋友，或者是經常負面思考的朋友。這時候我們要察覺到目前正處在一個負面的情緒及感受與心理問題中，那我選擇用正面思考的方式來釋放我的情緒與感受與心理問題。第一個正面思考好像沒有用，那就在試第二個正面思考，好像有好一點，接下來再試第三個、第四個，多試幾個可能就釋放掉了。那也有那種釋放不掉的，不須心急，先把它放一邊，先讓自己睡一覺或讓自己靜下心來，散散步吹吹風，讓自己輕鬆下來，解方或許就在那不經意之間就來了。

各位知道爲什麼嗎？因爲我們生命的主人出現了，祂是怎麼出現的呢！答案就是讓自己頭腦的意識降低下來，不管用什麼方法只要能降低頭腦的意識、思緒的運轉速度或使之平靜，祂就被我們召喚來了，許多問題就得到解決，不只有情緒而已，包含許多想不通的事情，就在那一刻就得到解答了，這種現象也就是我們常說的靈感、靈光乍現、靈感湧現……等等。也就是生命主人大智慧的展現。

在我修行之初正面思考是我最常用的方式，也是老師指導的方式，也是我常常跳過坎的方式。因爲生命主人的本質就是股正面的能量，說得再通俗一點，也就是我們常說的身、心、靈的那個靈，不是外靈、它靈喔！是寄託在我們身上的那個本靈喔！在靈學上稱之爲「主魂」，也就是我們常常稱呼的靈魂，靈感湧現了，問題就解決了，當我們的內在問題、情緒、感受、心理問題得到了解答，得到了釋放，外在的問題就已經不是問題了。也由於祂常常用這種方式的示現，讓許多人察覺到祂存的事實，而給了祂許許多多不同的稱呼。

記得在幾年前曾經接到一個工作上的案子，在程序上是先到現場與客戶溝通，溝通完根據客戶的需求然後出一張報價單，上面很清楚標示材料、樣式、工法以及價錢還有付款方式，在雙方的同意下還留有彼此的簽名，那我也很高興的接下了這個工作，可是到了後期門窗都已經安裝好了，結果客戶來個大翻轉，說這樣不行那樣不行，門爲什麼沒有天窗，陽台門爲什麼不用橫拉的，那我也很傻眼，當初的報價單上不是都記載的很明確了嗎？爲什麼沒有依約定下去走呢？如果要走法律程序對方一定是站不住腳的。後來我深入去瞭解原因，原來是簽約前找的風水先生與施做後找的風水先生不同人，堪輿方式與做法不同，所以要修改，於是我與屋主鬧的也很不愉快，也無法溝通，工程整個停滯，那時候眞的是很氣憤，也很無奈，當初白紙黑字寫得明明白白，現在對方這樣子搞。那一段時間心情眞的非常不好，後來心裡面想了許多，最後還是選擇不做了、算了吧！原諒別人也就釋放了自己，金錢上的損失再賺就有了，要是彼此再爭執下去或是走法律途徑，既浪費時間也影響自己的心情，不如拿這些心力再去做其它工作，當我這麼一想時整個事件都被我放下了，心情既平靜又快樂，外在的問題也就不是問題了，損失的金錢就算了，畢竟這是極少數的個案，就當作茶餘飯後聊天的話題吧！

這就是正面思考的力量，當我修行的時間越久，這方面的體會就越強烈，就如同幾年前出版的書吸引力法則一樣，身邊遇見的人多是正向能量較多的人，同理心較強的人，雖然錢賺得不多，可是就是很順利，很愉快。這又讓我想起佛陀所講的因果，種什麼樣的因必將得什麼樣的果，就在我身上得到眞實的體驗。

14. 理解釋放法

終於瞭解了、懂了、知道了。

退伍後我第二個工作，做的是鋁門窗相關性質的工作，當時負責到府安裝，常常就是把鋁門窗攜帶到客戶家，又把窗戶帶回工廠，不是因爲鋁窗太高，就是防盜窗太低，要不就是鋁門尺寸多寫了十公分，太寬或太窄，尺寸常常與現場不合，浪費了許多時間。當時年輕又氣盛，煩躁情緒常常上來，有時候到了現場還要修改，鋁屑噴得全身都是，癢的受不了，非常不舒服，一直抱怨著老闆是怎麼丈量尺寸的，又不是很困難，本來很好做也很快就可以完成的工作，卻因爲尺寸丈量錯誤，搞得做廠內工作的同事也修改得非常火大。跟老闆反應了好像並沒有得到改善，到後來才知道，原來老闆以前做銷售鋁材業務，並沒有工地實作的經驗，對於鋁材的數據並不熟悉，而且沒有整體概念，所以常常丈量錯誤，當我理解後心裡的不解、抱怨、情緒整個就平息下來了，原來是這樣子喔！難怪。

相信這種經驗大家應該不陌生，那這是對別人的理解，還有一種是對自己的理解。記得剛結婚時，常常與太太爭執、吵架，後來回想起好像也不是什麼很重要的事，反而都是一些很瑣碎的小事，在我的觀念裡就是要有時間觀念，幾點該出門、幾點要做什麼、什麼事要完成都必須在時間內。物要有定位，用完物歸原位，只要不符合我的要求我就會生氣、不高興，出口的就是責備與抱怨，所以太太常常揶揄我你還在當兵喔！我可不是你的阿兵哥，你有需要這麼嚴格嗎？可是我覺得這樣子很好啊！所以我也常常譏笑她，你這個死老百姓講都講不聽。現在想起來實在也覺得好笑。當我理解到眞的不在行伍了，的確要試著去融入家庭、融入社會時，眞的要放下許多不必要的情緒與感受及心理問題。可是眞的有那麼簡單嗎？整整八年行伍的生活習慣能就此改變嗎？當我常常察覺到自己有這方面的習性時，不時的腦海裡就會常常把那個提醒送上來，要注意深深刻劃在骨子裡的心理問題又來了。這種察覺的能力是需要透過學習與培養才能產生。而且還要眞實的面對自己。

在整個心理釋放當中知與行要合一，那才是紮實的狀態，而習性就是最大的問題與障礙，如同動物的路徑一般，很容易就會讓情緒這個獵人抓到你而掉入陷阱中，唯有透過察覺、改變才能慢慢從看到陷阱、繞過陷阱，或者開闢多條路徑讓自己不爲情緒所限制，如此才能無拘無束、自由、自在，而理解釋放法就是衆多途徑中的一個選擇。

15. 說服自己釋放法

這個方法大家應該很熟悉也常常在用，唯一不同的是大家並沒有察覺到這樣的方式就是說服自己。

雖然大家很熟悉，我還是舉個生活上的例子來說明。

我們家的女兒剛學會騎機車時，常常會習慣把錢包放在置物箱中，直覺式的經驗告訴我東西很容易被偷，就常常提醒著她，可是她沒遇過啊！於是這件事情就好像耳邊的風一樣吹過她的耳邊。也不知經過多久了，有一次她正好要出門，我只是順口問了一下，要到哪兒啊！她說要到警察局，我聽了心裡一驚什麼事啊！她說錢包被偷了。我很自然的問她在哪被偷的，她也很誠實的回答我，就放在機車的置物箱裡被偷的，這時我心裡還想你看吧！當初一直告訴你不能放在置物箱裡，會被偷，現在發生了吧！在當下她或許已經知道我要說什麼了，馬上說了一句，至少我學到了經驗，就這句我學到了個經驗，她就說服她自己了，也說服我了。其時我心裡面還覺得蠻高興的，想得開放得下就好，我自己不就是這樣子長大的嗎？只有自己親身的經歷才是最好的人生經驗，才能夠回過頭來看到當初父母親的關心與愛護，不就是這樣子嗎？至少我是這麼覺得。接下來該辦理的事情就去辦理，至於情緒與感受就被這一句我學到了經驗給平息、釋放了。

還有一次她到藥妝店要買東西，人行道停滿了機車，可通行的人行道很小，因爲剛學會騎機車，機車沒有控制好，跌倒把自己的腳給弄傷了。回到家問了一下關心一下，我只是說了句小心點，眞的不行就用牽的，她也回了我一句騎久就會了，似乎在她的心中不會因爲摔傷而有什麼情緒。於是說服自己在她身上發生了，理解他能放得下、想得開在我身上發生了。於是我察覺到理解釋放法與說服自己釋放法可以交互混和搭配的使用，而且使用率相當高，可以做複合式的使用，釋放掉情緒與感受及心理問題。

16. 接受釋放法

那就這樣子吧！都好、要不然怎麼辦、心量大
不知道各位相不相信，我們生命的那個主人都是接受的。

例子：
男朋友堅持要和我分手，談也談了，我就是不接受，那會怎麼樣呢？
我無法接受心愛的寵物去世了，那會怎麼樣呢？
我對你那麼好，我不能接受你的背叛，那會如何呢？
我花了那麼多的錢，結果買了台事故車，我不能接受那會怎麼樣呢？
至於會怎麼樣我相信每個人都會有不同的答案，也會有不同的情

緒及感受與心理問題。

不接受也意味著緊抓不放，後續的情緒與感受及心理問題是無法鬆開的，更甚至於會有破壞性的情緒與行爲產生，而造成更多的錯誤產生。

我無法接受男朋友要和我分手，我想要用傷害自己，讓他一輩子良心不安。

我無法接受心愛的寵物離開世間，我每天都非常的想牠，因爲牠在我最低潮的時候陪伴我度過那段時間，我不能沒有牠，每天的思念讓我走不出來，所以現在感到非常的憂鬱，每天都要吃好多的藥。

那如果我們選擇接受呢？我們就找到了那個停損點，不會再往下墜落，而是開始向上回升，內心的創傷、情緒、感受、心理問題才能慢慢得到釋放。

我對你那麼的好，你卻背叛我，眞想找人去把他打一打，後來想了想實在不值得，不要搞到自己又有事，算我識人不清，發生就發生了，要不然怎麼辦？雖然有幾許的無奈但是終究接受了它。

花了那麼多錢，結果買到的卻是部事故車，我思考了很久選擇接受這個事實，決定到車行跟老闆好好談談，老闆願意把車退給車行，但是車輛的規費要我負責，我心想好吧！那就這樣子了，此時我們的心境是否會好一點，有時候吃點虧眞的是吃虧嗎？其時是很難說的，心量大接受的多，這個宇宙會不會從其它地方回饋給我們呢？獲益的會不會是我們呢？我是抱持肯定的看法。

另外要寫的是當我們察覺到當下的情緒或感受或是心理問題時，我們眞實的告訴自己接受當下所產生的情緒、感受及心理問題也能得到釋放。

例如：我現在察覺到有焦慮情緒時，告訴自己我眞實的接受這個焦慮的情緒，此時焦慮也會被釋放掉，而平靜下來。那如果出現的是沒有效果，那我們再回到其它的釋放法當中去做釋放。

17. 睡眠釋放法

生命的主人能量全然的出動，也是大家口中常常稱呼的高我、眞我、靈魂、靈性……等等。

當我們進入睡眠狀態後，意味著用不到頭腦了，此時進入無意識狀態，生命的主人能量開始全然出動，這股能量就如同一股毫無雜質的水一樣，純淨無比在我們全身循環，清洗及滋養著我們的頭腦及肉體。讓我們在清醒時所產生的情緒、感受、心理問題，因爲得到這股能量的清洗及滋養而慢慢淡化及釋放，所以睡眠品質要好時間要夠，清醒時情緒不要使用過度，不要太過重用這個意識的頭腦，自然而然又會使我們睡眠品質提升，進入一個身、心、靈健康的循環。相對的如果過度重用意識的頭腦，過度的情緒，此時睡眠的品質會越來越不好，相對的就會無法有充足的睡眠時間，自然而然的情緒及心理問題就無法得到充足時間的清洗，於是情緒及心理問題開始慢慢累積，到最後嚴重的困擾著我們，造成身體及精神出現問題，於是出現病理性的現象，如憂鬱症、躁鬱症、恐懼症、強迫症……等等，身體開始免疫系統下降，抵抗力變弱，疾病自然容易產生。

在這種情況之下，生命主人的能量就會受到阻礙，當得不到這股能量的修護及滋養時，會出現的是更多不穩定的情緒、感受及心理問題。這時候我們就需尋求協助，先把睡眠調整好，而心理釋放就是其中的一個方法。

當這些情緒、感受、心理問題不斷釋放掉，也就意味著我們頭腦裡面沉積許久的垃圾，不斷被丟掉、清理掉，這個現象也意味著頭腦慢慢被修護，受到情緒的干擾也就越來越少，在這種狀況下原本不易入睡的，或者睡得很淺眠的，慢慢會得到改善，有時候我們能夠很自然的就能自然入睡。

而良好的睡眠品質又能清洗我們的頭腦，滋養我們的肉體，讓我們的情緒比較不會使用過度，睡起來後精神飽滿能夠應付一天生活之所需。

18.心理釋放的公式

察覺

↓

事件

想法、念頭

情緒、感受、心理問題

- 尋找情緒、感受、心理問題及背後隱藏的情緒、感受、心理問題　察覺釋放法
- 尋找事件及其中產生的情緒、感受、心理問題及背後隱藏的情緒、感受、心理問題　察覺釋放法
- 尋找事件的起因、眞相、答案及其中的情緒、感受、心理問題及背後隱藏的情緒、感受、心理問題　察覺釋放法
- 情境溯源釋放法
- 憶想釋放法
- 正面思考釋放法
- 理解釋放法
- 說服自己釋放法
- 接受釋放法
- 睡眠釋放法

↓

單一使用

複合式使用

↓

釋放

什麼是背後隱藏的情緒與感受及心理問題？

例如：

憤怒的背後常常隱藏著厭惡、怨恨。

高興的背後常常隱藏著驕傲、自大。

正義感的背後常常隱藏著厭惡、憤怒。

失落感的背後常常隱藏著無助、無奈、悲傷。

什麼是單一使用？

我只用其中一種釋放法就把自己的情緒、感受、心理問題釋放掉了。

我現在察覺到心裡面有一種感覺，不知道是什麼感覺，經過一番思索後我發現是無力感，無力感這種情緒、感受當下就不見了，這也意味著無力感被釋放掉了。這時候我們所使用的是尋找情緒與感受及心理問題的察覺釋放法，至於後面背後隱藏的情緒與感受及心理問題就可以不用理會它了。

那如果找到的無力感只有鬆開一部分時，我們就繼續向背後隱藏的情緒與感受及心理問題去尋找。因爲無力感所以我又產生了挫敗的感覺、無奈的心情、不甘心的情緒……等等，找到了就釋放掉了。

由於父親年事已高，行動及生活自理方面都需要人照顧，因爲母親身體狀況還健朗，所以現在大多數的時間都是母親在照顧。那照顧老人眞的是件非常辛苦的事情，一會兒要上廁所，一會兒要吐痰，天氣冷擔心會感冒，天氣熱又擔心坐太久會起疹子，時間到還要餵他吃藥，有時候晚上不睡覺還要跟著睡不好，還有要準備三餐，眞的非常辛苦。但是這些辛苦媽媽常常就是一句自己的老公啊！想那麼多有什麼用呢？一天過一天啦！就這樣子的一句話就說服自己了，沒有太多的情緒與想法。

這時候媽媽使用的就是說服自己釋放法，沒有搭配其它釋放法，這就是單一使用。

我常常發現年紀越大，教育程度越不高的人，常常就是用這個說服自己釋放法，來說服自己生活上所遇到的情緒與事件，而且還很管用。

什麼是複合式使用？

使用兩個釋放法或兩個以上釋放法就叫複合式使用。

兩個月前有一支電動工具壞掉了，看到臉書上正好有一則賣電動起子的廣告，而且還是日本大廠的牌子，不但廠牌我很喜歡，價格更是讓我心動，於是沒有太多的考慮，馬上訂購了一組，滿心歡喜等待商品的到來，當收到商品拆開包裝後，發現商品怎麼與臉書上的廣告不一樣，心裡開始泛起了許多臆測及猜想，莫非是詐騙？還是不實廣告？或是對方寄錯商品了？爲了不掉進這個頭腦的陷阱。我先選擇相信商家是因爲作業上的疏失導致商品寄錯了，於是循著包裹上加LINE的號碼與賣家連結上了，結果連結上的賣家只是個在台灣的包裹轉運站，而且相片欄位還是空白的，這樣的狀況讓我的反應覺得，應該是被騙了吧！可是我又回想起過往有太多被頭腦欺騙的經驗，所以我選擇把事情弄清楚。於是將送錯的商品照相起來，傳給包裹轉運站的收貨人，對方要求我必須等賣家的核實，等待通知，一等就是十天，仍然沒有等到賣家的聯繫，心中的疑慮越來越深，於是我又連繫上包裹轉運站的聯絡人，他的回覆是爲了後續退款事宜，請我提供姓名、電話、地址，還有退款帳號，於是心裡一驚，這不是詐騙集團常用的手法嗎？於是我陷入要不要提供的難題，心中難免有些焦慮、猜忌、懷疑。經過思考後一一釐清，心想對方就算取得我的退款帳號也弄不到我的錢啊！於是提供了姓名、電話、地址、退款帳號，接下來貨運行收走了寄錯的商品，錢也在幾天後匯入了帳戶當中，事情就這樣順利解決了。

首先當我收到的商品與廣告上不一樣的時候，心裡面泛起了許多臆測與猜想，也引起了許多情緒與感受及心理問題，當我選擇了正面思考釋放法的相信，這些情緒與感受及心理問題立即消失。過來我不想掉入頭腦的陷阱，那是因爲我理解頭腦常常會使人掉進誤解的陷阱，這時候我使用的是理解釋放法，所以心裡面可以更加的平靜來處理事情。

再來相片欄位是空白的，再度讓我產生焦慮與懷疑的負面情緒與思想，於是再度想起過往有太多被頭腦欺騙的經驗，說服了我要弄清楚事情的眞相，此時用到的是說服自己釋放法與尋找答案與眞相及起因的察覺釋放法，此時焦慮與懷疑的負面情緒與思想也馬上釋放掉了。

接下來的一等就是十天所產生了更加深的疑慮、緊張、擔心的情緒，以及需提供各人資料的焦慮，還有過往曾經被詐騙的記憶，經過思考與釐清，對方就算取得我個人資料也弄不到我的錢啊！而且沒有這些個人資料如何退款呢？當我這麼一想情緒與感受、心理問題、負面的思想全部不見了。在這裡用到了正面思考釋放法的釐清，同時也理解到釐清的重要性，這時理解釋放法與正面思考釋放法同時用到，再加上就算對方有我的帳號也弄不到我的錢啊！此時說服自己釋放法與理解釋放法也都用上了，還有經過了那麼多天睡眠釋放法也用上了，因爲弱化了許多情緒與感受及心理問題，增強了接受最後的那個事實的結果。

在這事件中我使用了正面思考釋放法，尋找答案與眞相及起因的察覺釋放法，還有理解釋放法與說服自己釋放法及睡眠釋放法，接受釋放法，這就是我所謂的複合式的使用。

19. 調整及改變

在整個心理釋放中，最困難的釋放來自於我們的習性所產生的固有僵化的思維，這習性就如同之前所寫的，刻畫在骨子裡的認知，那一種一踏到自己的地雷，就直線式的引爆出自己的情緒。其實當這種情形發生時，我們應該要以一個正面積極的態度來面對它，至少要察覺到起因是因爲這是自己的習性所引起的一個事實與眞相，眞誠的去接受這個事實與眞相，當我們有這個認知與察覺時，這個記憶就會在我們頭腦中占下一個位置，透過生活中的歷練去加深這種能力，察覺習性又來時，就需要被我們調整及改變成一個無害的、比較良好的或是良好的習性，這時候當情境來時我們會得到一個充裕緩衝的時間，不再是不假思索，直線式的反應出情緒，此時固有僵化的思維，在那一刻就會被消融掉，取而代之的是柔和的反應、靈活的思維，有時候都會讓自己很詫異，怎麼能說出這麼貼切的話語與處理的方式。

眞理實相是什麼呢？是因爲在我們沒有情緒的時候是心平氣和，頭腦的思維與運轉速度變慢，此時什麼被召喚來了，對！就是我們生命的主人，也就是大家口中常說的高我、眞我、靈性就在我們生命的那一個當下展現出來了，展現出祂的柔和、智慧、與你同在……等等。於是生命的品質就被提昇了。

就拿我自己的習性來說，在過去八年的軍旅生涯當中，常常被賦予任務，在部隊裡長官的要求就是什麼時間內要完成使命，有時明白知道是不合情理，但是在部隊裡的型態就是這樣，合理的要求叫訓練，不合理的要求叫磨練，自己也被逼得必須在時間內完成任務，在部隊裡大家都生活在一起，又有階級之分要調動部隊的人力還算方便。可是出了社會後這種模式就變成了我的習性，雖然也有積極向上好的一面，但是也製造出許多擔心與焦慮，而且常常用這種習性去要求家人、同事與朋友。例如：時間快到了無法完成老闆交代的事情，答應客戶要去安裝的時間快到了結果材料還沒來，然後一直催材料商，材料好不容易來了，又催促著師傅加班趕工，師傅受不了又鬧情緒，把自己壓迫到受不了。常常與家人、同事、朋友間關係弄得很不好。

各位想想看在這個過程當中我會有多少情緒產生，生活壓力會有多大，做不完的工作晚上也加班，假日也加班，就在這種惡性的循環中眞的過了一段不算短的苦日子，只因爲這個已經刻畫在我骨子裡，而且不自覺的習性，因爲不自覺所以理所當然，這就是我當時的意識型態與認知，而且看到其他人跟我不一樣，不符合我的認知，心裡就泛起許多情緒。尤其是我的妻子跟孩子，整個家就是吵吵鬧鬧。直到自己身心俱疲，才慢慢知道要改變與放下這種認知。

直到我進入修行這扇門後，才慢慢調整自己的做法，這調整就是假日一定要休息，現在要開始過著半退休的休閒式生活，工作不要接那麼滿，有時候睡到上午十點或十一點才起床，過著有工作就做，沒工作就休息的日子，帶著老婆全台走透透，孩子就丟著放他們自由飛。就這樣子不知道經過了多久，才慢慢發現這樣好像也不行，畢竟有房租、孩子的學費、生活費要繳，還有師傅的薪水要付。而業績開始負成長，孩子在學校也出現問題，我才驚覺這樣下去行不通，必須再調整一下。

就在一次的工作當中我拿起水平尺，架起了鋁窗的水平，我忽然有所覺悟，我們的人生不就是要像這水平尺一樣嗎？必須把水平尺上的氣泡平衡在兩條線中間，太過左或太過右、超出線外就算是不合格的安裝，鋁門窗的開關會出現問題，就好像是不合格的人生與生活一樣，於是在那一刻我懂了，人生與生活是要檢視全面性的，均衡發展才會是比較正常健康的人生。喜歡吃的東西會吃但不過量，喜歡的休閒育樂會去參與但不過度，工作與休息要安排妥當，既要生活也要休息，生存與身體都要兼顧，情緒與心情都要照顧好……等等，總之就是要去發展一個均衡的人生。

多調整出些好的習性。察覺不好的習性，慢慢轉化成好的習性，用說的、寫的都很快，知與行合一才是眞功夫，到現在我仍然在調整與改變，相信會一直到我離開這個世界的那一天。

20. 完整釋放後的感受

若完整釋放，我們頭腦會有一些狀態產生，這個現象我已經體驗許久了，這是頭腦的自然反應與現象，也可說是頭腦其中一項程式設計，我只是發現了這個程式設計的祕密，然後將這種現象公諸於世。

現在需要的只是大家用心體驗與察覺，看看自己完整釋放後是否也是如此，相反的，如果沒有出現下列這些現象的其中一種，就意味著沒有釋放成功。

一、頭腦會有鬆開的感覺。

對於情緒、感受、心理問題不再抓的那麼緊了，當下弱化了。

二、會有頭腦空空非常輕鬆，呼吸特別通暢的感覺。

三、情緒、感受、心理問題、事件、起因、想法、念頭當下全部消失。

四、會有種安定與平靜的感覺。

尤其是釋放到自己比較重大的情緒、感受及心理問題時，這種安定與平靜的感覺會持續比較長的時間，有時候也會出現想睡覺的感覺。相反的較小的問題出現的安定與平靜的時間較短、較快。

五、會有想要睡覺的感覺。

這種情形常常發生在大量的情緒、感受及心理問題在當下被釋放掉時，或者意識、思想有重大突破時。

六、會有快樂、喜悅、感動的情緒與感受。

備註：

在心理釋放的初期，由於積累的情緒、感受、心理問題相當多，所以很容易就能找到問題而得到釋放，隨著時間的推移，問題不斷被丟掉，慢慢會進入一些比較不易察覺的問題，要進入深度思考及多方面探尋，才能夠再更深入的將問題釋放出來。這時會有一個過渡期，是因為對於心理釋放並沒有一個更深入的瞭解與通透所產生出的學習障礙期，所以常常會釋放不到位，此時要多去察覺與尋找更廣泛的情緒、感受、心理問題及背後隱藏的情緒、感受、心理問題如此才能更深層的做到釋放。並且多去涉略情緒、感受、心理問題的詞彙，讓自己知道原來還有這麼多的情緒、感受及心理問題沒有被察覺、運用到。

如果能達到這個程度時，基本上就能處在一個能夠控制與駕馭情緒與感受及心理問題的程度上，就算有情緒與感受或心理問題出現都不會太過而且很容易就過了，當我們要使用情緒時，內心清明知道使用情緒的用意爲何。自然而然，智慧就會慢慢發展出來，人生品質就會越來越好。

21. 心理釋放沒效果的問題

一、釋放成功過的

例如：上個星期我被同事誤會了，釋放掉憤怒的感覺、悲傷難過的感覺、想要報復的感覺、委屈的感覺……等等。釋放後這些情緒、感受、心理問題不見了，而且覺得頭腦空空的，內心有安定與平靜的感覺。

這星期又被另一個同事誤會了，當我釋放的答案又同上時，如果沒有出現釋放成功的狀態時，這就是釋放沒有效果。

此時我們要在這些答案以外的其他面向、角度、事件、起因、情緒、感受、心理問題做深度思考尋找其它答案，繼續尋找背後隱藏的情緒及感受或心理問題，或交互使用其他釋放法。

說明：有一部車停在家門口，沒有留一個機車出入口，也沒留下連絡電話，害得我無法騎機車上班，實在很生氣，此時主要的情緒是生氣。

接下來換一個場景，我的車停在公園旁的停車格裡，散步完來到車子邊，卻發現車門上被吐了一堆檳榔汁，是誰那麼沒水準又沒公德心，眞的是很生氣。

同樣是生氣，但是要釋放的心理問題會有重疊的答案，但是也會有沒有重疊的答案。把沒有重疊的答案找出來釋放掉，這就是我所寫的，要多面向、多角度的做深度思考去尋找其它答案。

二、不易察覺的問題

舉例來說：

當我們在清理環境時，通常會注意到容易看得到的較大型垃圾，或是較方便整理的，所以這些垃圾就很容易被我們清理出來，而且很容易將它們分門別類、做好垃圾分類，然後打包好丟進垃圾車清理掉。

大型垃圾清理掉後，接下來我們的注意力就會放在較小型的垃圾，那也還好不用太大的注意力就能將它清理乾淨，當這些小型垃圾被清理乾淨，整個環境就讓我們舒爽很多了。

還有一些藏在家具下面或後面的灰塵、蜘蛛絲，比較不容易被發現、被清理到，這時候就要花比較多的時間與氣力清除它。

我們在學習心理釋放也是一樣，剛開始的心理問題會比較容易找到而釋放掉，當釋放得越來越多時，面對的問題就會更加細微，甚至會讓我們不太容易找得到。不過當我們到達這個程度時，無拘無束、自由自在就已經是個不錯的狀態了。接下來要做的是深度思考與察覺，慢慢把這種細微的問題釋放掉。或者是用睡眠釋放法慢慢清洗掉。

還有一點要補充，心理釋放可以透過引導與協助達到某種程度的效果，但是到最後仍是需要讓對方學會這些方法，交由自己去發覺與釋放，因爲問題本身仍然是當事人自己最清楚，只有當事人能夠回顧自己一生中所發生的事情，及那些較細微的問題。

三、腦神經出現病理現象

意思是我們的身體生病了，病源在掌管意識的大腦，腦神經受到破壞導致出現的病理現象。

如憂鬱症、躁鬱症、恐慌症、被害妄想症……等等，出現這些病症如果在藥物的控制下出現的狀態是較輕微的，在有人的帶領下還是可以有效果的。如果已經服藥的中、重症患者就比較難達到釋放的效果，在沒有發病時帶領著患者還可以有些效果，當發病時效果幾乎被病情所覆蓋。在這裡要釐清一下，只要自己仍有察覺能力，能夠進入心理釋放的公式，就可以出現效果。

我自己曾經歷過一段急性發作的恐慌症及被害妄想症，聽到有人在拉鐵鍊的聲音，我會恐慌得以爲對方準備要拿鐵鍊綁我，或是要傷害我，包含別人任何隨意的舉動。那種內心的情緒及感受就認爲那是眞的，完完全全黏在自己的認知上面，拔都拔不掉，所以在那種情況之下怎麼做心理釋放都沒有用，而且想要逃都來不及了，怎麼還會想要做心理釋放，那時只有靠著藥物與睡眠才慢慢把自己找回來。

直到有一次那種狀況又來的時候，我突然出現了個想法，眞是奇怪啊！以前我還正常的時候聽到別人拉鐵鏈，別人做什麼動作我也不會恐慌、害怕呀！別人怎麼樣的行爲我也沒有被傷害啊！爲什麼現在會這樣呢？於是就在自己的察覺之下，告訴自己這些都不是眞的，也不會發生，才慢慢把自己拉回正常的生活。

四、當下發生的重大事件

基本上每個人所謂的重大事件不盡相同，但是相同的是產生了嚴重的情緒及感受與心理問題，尤其是自己不曾有過的經歷，在這種狀況下做心理釋放，基本上成效是不大的，或者根本沒有效果。但是我們要不要做心理釋放，答案是肯定要做的，因爲我們的頭腦會記憶自己所做的心理釋放，在睡眠時會有股靈魂本質的能量來幫助我們弱化這股重大的情緒及感受與心理問題，同時也會將我們釋放的內容燒錄在頭腦當中，在日後的時間慢慢地將這重大的情緒給釋放掉，以及日後做心理釋放時將這次事件所產生的情緒、感受、心理問題逐漸的釋放掉及弱化掉。這時候睡眠釋放法就扮演了很重要的角色，我們要盡量去把睡眠品質顧好，如此才能慢慢弱化、釋放掉我們所面臨的重大事件。

五、不良的睡眠品質

不良的睡眠品質可說是情緒的殺手，我們的意識、注意力是不容易集中的、是渙散的、是想不起來的，一點點的情緒就很容易被挑動起來，此時很難有一個察覺及探詢心理問題的能力，就算可以效果也相當有限。

22. 練習

一、單一使用

察覺到的情緒是：憤怒

我們就在心裡面默念或唸出來都可以。

如果我們是引導者，就必須請對方跟著我們逐字逐句的唸出來。

語調必須輕柔且緩慢。

練習：

1. 釋放掉這種憤怒的感覺～再釋放～再釋放～。
2. 釋放掉這種被人誤解所產生憤怒的感覺～再釋放～再釋放～
   繼續釋放～完全釋放掉這種憤怒的感覺～再釋放～再釋放。

二、複合式使用

我就用我數學考不好的事件當作範例。

同樣在心裡默念或是念出來都可以。

如果我們是引導者，就必須請對方跟著我們逐字逐句唸出來。

同樣的語調必須輕柔且緩慢。

練習：

釋放掉國中時被數學老師消遣所產生的羞愧感，再釋放～再釋放～繼續釋放～釋放掉因爲這種羞愧感所產生的委屈、悲傷～再釋放～再釋放～再釋放～釋放掉這種憤怒的感覺～怨恨的感覺～厭惡的感覺～不滿的感覺～全部釋放掉～再釋放～繼續釋放～深層的釋放～全然的釋放～再釋放～再釋放～

全程一定要語氣輕柔且緩慢，至於釋放、再釋放、繼續釋放、全部釋放、深層的釋放、全然的釋放。這些在我們初學時，先將它定型化，規格化，例如：就像單一使用的練習一樣。

當我們越來越進入狀況，愈來愈知道如何釋放成功時，我們可以自己靈活運用，順序可以自己調配，就像是複合式使用的範例。

經過一段時間的練習，我們真正掌握到了心理釋放的方法與技巧，大都能釋放成功，直接找到情緒、感受、心理問題，並且熟悉靈活運用其它釋放法時，就可以直接釋放掉。而不需再加入釋放、再釋放的字句。但是在引導別人的時候就不可省略。

當我們是引導者，引導完畢後，可以詢問當事人頭腦當下的感覺如何，是否有釋放成功的感受，作爲釋放成功與否的依據，再做後續引導的調整。

23. 每一次情緒的啟動都是契機

每一次情緒的啟動指的是外顯性的及內顯性的。所謂外顯性的是展現出外在的行爲表現。

例如：緊張時會展現出慌亂的行爲，恐懼會讓我們展現出逃與避的行爲，控制會讓我們產生強制的行爲。

那所謂的內顯性指的是發生在內心的心事。

例如：我心裡面覺得很傷心、我心裡面覺得很自卑，我現在心裡面不知所措，但是並沒有表現出來。

也就是說無論有表現出情緒或者把情緒放在心裡，這都算是啟動了情緒，這也代表著在情緒的後面有一個觸動開關，因爲觸動到了這個開關，所以情緒被引動出來了。那我們要尋找的就是這個觸動的開關，也就找到了情緒的起因，找到了起因就可以移除掉那個觸動開關，自然而然的我們就不容易啟動出那個情緒。

所以當情緒出現時，也代表著那個觸動開關浮現了，這時候要把握住機會，做一下深度的思考，把起因、眞相、答案找出來，釋放掉單一的或複合式的情緒組合。

自己可以去體會一下，當我們釋放掉的情緒、感受、心理問題後，當有人或自己去觸碰到了那個觸動開關時，自己的情緒或感受還是心理問題是否會啟動，或者是啟動後強度是否會減弱，這都是可以靠自己去察覺與印證的。

既然每一次情緒的啟動都是個契機，那我們是要進入人群當中的紅塵俗事中比較容易尋得契機，還是遠離人群比較容易尋得契機，我想這應該是不難理解。

在這個過程當中除了要學習培養自己釋放的專業能力外，還要培養自己多一些的正向情緒，坊間很多在教導大家如何培養正向情緒、正向思考的書籍及課程，但是教導大家心理釋放的就少了很多，那我希望透過心理釋放這本書的協助，讓有心追求心與靈方面提昇自己的人，常常爲情緒所困擾的人，還是想要不被情緒所控制的人，想要可以跳脫情緒的人……等等，有一個更快速的方法。因爲我個人認爲唯有正向思考、正向情緒的培養及負向情緒、負向思考的釋放，才更能加速自己的進步，讓自己更能快速的提昇人生的品質及心與靈的成長，及提昇心理的素質。

24.現在的情緒與感受及心理問題不要成為日後的負擔

這句話的意思也就是說我們要常常察覺、清理當下所產生的情緒與感受及心理問題、想法與念頭及背後隱藏的情緒、感受及心理問題。就像禪宗裡的人物神秀禪師所說的，時時勤拂拭，勿使惹塵埃一樣。

記得在我還小的時候，外婆每一年都會來我們家住上幾天，因爲外婆生性較爲內向，所以也不常與左鄰右舍有所互動，大部分的時間都待在家裡。印象最深刻的就是看到她每一次來都會把家裡面的炒菜鍋刷得很乾淨。那時候家裡還沒有瓦斯爐，用的是煤油爐，所以炒菜鍋的鍋底特別容易被燒得非常的黑，累積了一層厚厚的積碳。就看到外婆拿著稻草、沙子、石頭不停地刷著鍋子外面那一層很厚的積碳，清理很久才將鍋子刷了乾淨。

那我所要表達的是，這一層厚厚的積碳指的就是日後的負擔，累積久了不但加深加廣了情緒與感受還有心理問題所刻畫出來的線路，我們又會習慣性的依循這條線路，而去觸發到那個情緒的觸動開關而啟動出情緒。

如果更嚴重時，這一層又一層的情緒積碳會導致成情緒的癌症，使我們患上心理的疾病而難以治癒。

所以當情緒、感受、心理問題的灰塵出現時，要透過習慣性的察覺將它拂拭掉、釋放掉。減輕累積現象所產生的負擔，就可不斷向更深的心理問題去探尋及釋放。

在這裡最重的是習慣性的察覺，既然是習慣性，那就意味著要把它培養成一種習慣，深化這種習慣的線路，當想法、念頭、情緒、感受、心理問題出現時，我們依循著心理釋放的公式，循藤摸瓜找到問題的起因、答案、眞相，逐一的釋放掉。

我相信想心事這種事情對大家來說應該很好理解，心理釋放也就如同在想心事一樣，在內心就可以完成的。那各位在什麼時候會想心事，坐車的時候？散步的時候？還是眼睛看著電視，心裡卻在想著心事的時候，其實都是可以的。也就是說想心事的時候，把它轉換成尋找心理問題這件心事而已。

記住，養成習慣性的察覺，現在的情緒、感受、心理問題不要成爲日後的負擔。

25. 內在強大的力量

各位可以思考看看，當我們內心一顆顆情緒的觸動開關被移除了，留下來的會是什麼樣的狀態。

對，留下來的是我們長期培養的正向情緒及正向的能量，一切的良知、良能會占滿我們絕大部分的內心。負向的情緒及想法只會占據我們極小的空間，而無法產生破壞性的作爲。

其實一切的情緒與感受及心理問題均是由於我們的內心不夠強大所產生，相反來說，也就是我們頭腦對自己的約束太多、太大，有太多的我認爲要這樣才對，太多的自我意識型態的約束，所以我們常常會被別人或自己觸碰到那個觸動開關，而引動自己的心理問題，產生出負面的情緒與感受及心理問題。

那如果這個觸動開關開啟的是正向能量時，也就開啟了內在強大的力量。但是內在正向的能量很少，各位覺得這種內在強大的力量有辦法那麼容易快速的被開啟嗎？至少我個人是抱持懷疑的態度。

如果外在的情緒刺激是一支鋒利的箭，那正面的能量也就是面無法穿透的盾牌，這支箭不但不會刺在盾牌上面，還會直接掉落下來，或者被轉化掉，甚至於有時候這面正能量的盾牌還可以發射出光與熱，涵蓋住對方。

那當我們的心理問題逐一被釋放掉了，觸動開關被移除了，這支射過來的箭會射到什麼？當什麼都射不到的時候，它只會受到地心的引力直接自然的落下或消失，什麼也傷不到，對我們而言此時自己的內心只不過是個虛無的狀態，射過來的箭就像穿越一個眞空的空間，傷害不了我們，既然傷害不了我們，是否也是一種內在強大的力量。

在這裡要說明一下，正面能量如果是加法讓我們擁有強大的內在力量，那心理釋放就是減法讓我們擁有內在強大的力量。

當正向的能量加上心理的釋放會產生很強大的涵蓋能力。另一個比較好懂的寫法也就是會具足很大的心量，那時候是很難讓人理解的，而且很容易讓別人誤解的，但是自己會知道內在強大的力量來自於什麼，而不需要別人的理解，能夠接受別人的誤解。那時候你只能做自己而已，因爲這股強大的力量絕對不是來自於頭腦，而是來自於靈性的本質，一切的良知、良能、智慧、正能量及突破一切頭腦的約束及認知的一種狀態。

26. 協助心理學、心理治療、心理諮商、心靈諮商品質提升

在我有限的知識裡面，心理學、心理治療、心理諮商、心靈諮商的領域，目前我還沒有發現有與我所論述的心理釋放這門學術是相同的，不過這是從我研究的角度看到的心理學。

但是我能非常的確定，我的論述的確存在於這個世界上，因爲這一切種種的存在均是從我自身的發現及實際的運用，透過自我的體會及觀察呈現出來的。

基本上我並沒有心理學的背景及素養。如果具有心理學、心理治療、心理諮商、心靈諮商的專業人員，能夠學習到這門心理釋放的學術，我相信在這些專業領域的人們，一定可以提昇自己多一項的專業素養，強化自身的專業知識，可以用來提昇服務對象的品質及效果，

來協助服務對象，甚至教會他們，讓他們也能夠自行的運用，讓他們也有機會提昇自己生活的品質、人生的品質。

基本上具有這些專業知識背景的人，來學習心理釋放在我的想法會比一般沒有心理學、心理治療、心理諮商、心靈諮商素養的人來的快。因爲這些專業人士已經具足了一定程度的專業知識，在這個基礎之下比較容易切換到相同要表述的頻率上，但是也很容易被自己的專業知識所制約，那我對各位的希望是能先放下屬於自己本位專業知識的制約，抱持著學習新事物及開放的態度來瞭解與體會、學習。

就我個人的瞭解，有許多從業人員在服務過許多對象後，心裡總會承擔被服務對象的許多負面情緒與感受，這時候可以運用這套心理釋放的論述，來排除自己內心的心理問題，您也可以思考看看您所承擔的心理問題，是否也是自己所擁有的心理問題？在治療好自己的心理問題時，是否也較容易治療好別人的心理問題？

相反的您治療好了別人的心理問題，是否也治療好了自己的心理問題，您可以體驗、察覺是否如此。

27. 身、心、靈的成長

身體、心理、靈性相互合作，才能根本解決情緒問題。

身指的是有形的肉體、器官。

心指的是我們的心理狀態、意識、心智模式、也可稱它爲頭腦。在這要做個釐清，這裡所說的頭腦，指的不是肉體這個硬體的頭腦或者器官。指的是軟體部分，所說的是意識、心智模式，用來指揮、驅動我們的肉體。又可稱「假我」，在靈學上又稱「覺魂」。

靈指的是我們的靈魂，在靈學上又稱「主魂」，又可稱它爲生命的主人、高我、靈性、眞我……等等，有許許多多稱呼。祂的本質是良知、良能、正能量、大智慧、具有能量，無意識時能夠啟動祂，睡眠時完全無意識，也就百分百的啟動，清醒時意識的思緒轉速降低時也能啟動幾分，情緒平穩時能啟動的也就更多些，常讓人們會有智慧湧現、靈感湧現而跳過關卡，也因爲這樣的展現而讓人們感受到祂眞實的存在。

身的成長是什麼？也就是愈來愈健康的身體，要有均衡飲食、適量運動、良好睡眠、良好生活環境、良好作息……等等，一切能讓我們身體健康的方式都是。

心的成長是什麼？正面的能量越來越多，情緒越來越平穩，助人、利他的動能愈來愈高，使這個世界能夠和平相處，共榮、共好均衡永續發展。學習如何啟動靈性能量，接受靈性的培養與教導，讓我們愈來愈能夠回歸到靈性狀態，活出眞我，完成此生目的。

靈魂的成長是什麼？也就是提升靈魂的能量。透過良好、平穩的情緒及正常的生活作息、良好充足的睡眠品質，不過度重用頭腦意識及情緒，自然而然靈魂能量就會提昇。

奇妙的是，當我們處在這樣的狀態下，只要我們能夠平靜下來，就能常常感受到高我的經驗。這個平靜下來不見得要有什麼特定的姿勢、場所或者口唸什麼，其實就是散個步也行，吹吹風也行，平常坐著也行，躺著也行，放鬆身體也行，泡個澡也不錯，總之，在生活上能讓自己平靜下來的方法都可以。就在那不經意之間，高我的經驗就出現了，或許是一種感受、一些告知、一些文字、一些頭腦卡住的解答，也或許是一種單純的心情與專注的感受……等等。

有了這些高我經驗要做什麼呢？爲了就是要教導、告訴、我們這個意識的頭腦，向高我學習吧！因爲我才是主人，我才是眞我，趕快回到眞我的懷抱與世界吧！因爲高我才是永不變的眞理，因爲是眞理所以永遠不會改變，也因爲永久不會改變所以成爲眞理。

而意識的頭腦呢？這個物質世界呢？可能一個想法、一個決定，在下一秒我們就改變了，這麼快就改變了那是眞理嗎？在我看來那只是個道理吧！你有你的道理，我有我的道理，如果彼此修養都不錯，那也相安無事。那如果是各持己見呢？結果是爭執、爭吵、面紅耳赤呢！更嚴重一點打了起來呢？如果是一個人對一個人也還好，如果是一群人與一群人呢？在嚴重一點是一群國家與一群國家呢？那會是多大的災難啊！

要告訴各位，這就是我們的頭腦。一切問題的根源來自於這個意識的頭腦，而頭腦多變的特質形成了這個虛幻的世界。而物質世界終究是有使用的年限，由新變舊到損壞。生物有生物的年限，出生後終究會死亡，這些都不斷在變，一下變有一下變沒有，於是虛幻的世界就形成了。

那這個靈性、生命的主人、高我、眞我永恆不變的是什麼？祂是個我們肉眼看不到、摸不著，卻能感受到祂存在的精神生命，而非物質的，所以祂永遠不會消失，祂只會透過不同的物質生命型態不斷來地球轉生，同樣的靈魂，不同的面貌與軀體而已，當然祂一定是透過有靈魂生命來寄託的動物形態來轉生。

祂的本質是良知、良能、正能量、大智慧、具有能量、與涼性的特質、無意識、是永恆不變的，不知各位有沒有發現，這些特質都是屬於精神層面的，如果有高我經驗的朋友們，請你們回想一下那些經驗是否都在這些特質內。

我們睡著的時候，意識停止運作，進入無意識的狀態，這時取而代之的是靈性能量開始運行，這位生命的主人開始到我們的頭腦清理及修護，然後再循環全身進行清理及修護，使身體得到這股能量的滋養，愈來愈健康。所以長壽的人都會有一些共同的特點，無論有那些，不會離開好脾氣、好心情、好睡眠，這不就是創造靈性能量啟動的條件嗎？

以上所講的是身、心、靈都健康發展的狀態，相互連結得很好，所以形成了一個正向循環。

那靈性的殺手是什麼呢？也就是長期的負面情緒及用腦過度、不良的睡眠品質，這些都是造成高我無法展現的因素。

當我們身體健康出現問題，會不會造成自己常常處在負面情緒當中，如果是這樣很自然的就會產生心理問題，心理出現問題很自然的靈性能量運行也會出現問題。此時出現的是身、心、靈不協調的狀況，在這狀況下就進入了負向循環。

那我們能做的就是身體的部分交給醫生，因爲醫生是身的專家。心的部分就交給身心科醫生、心理諮商師、心理治療師或是心靈諮商師，或者是來學習這套心理釋放。把睡眠狀態調整好，三管齊下讓我們慢慢恢復健康的身、心、靈，讓自己進到一個正向的循環。

這套心理釋放就是排除心理問題的另一種方法及選擇，當心理問題排除了，自然而然情緒不易啟動，於是又創造了靈性能量啟動的條件，靈性能量容易啟動了又讓我們的心理問題更容易被找到、被釋放掉，於是身體就能有更多靈性能量的清洗與滋養，我們的情緒、心理問題、身體狀況得到更好的照顧時，身、心、靈的連結就邁向一個更正向的循環與發展，人生的品質自然提昇，此時好與不好是自己覺得是就是了，與相互間的比較與他人就沒有關係了。

28. 修行、修心養性

皆為了啟動靈性的能量

修行的基礎建立在修心養性之上，而修心養性的基礎又建立在情緒管理之上，所以情緒管理是修行與修心養性的基石。而情緒管理又建立在我們的察覺之上，所以察覺力的培養就成了一個重要的習慣與能力。

那我們之所以會引動情緒，也就是外界的感觀與我們內在的認知產生衝突，而生出的一種產物。那我們要改變外在感官的刺激比較容易，還是改變自己內在的認知比較容易呢？各位可以去思考看看，當我們選擇要改變外在感官的刺激時有那麼容易嗎？我們有那麼容易去改變別人想要說什麼，想要做什麼嗎？改變自己比較快吧！

舉例：

就我自己碰到的客戶來說，客戶的父母親說採光棚的玻璃要用霧面的比較好，但是客戶卻堅持要用透明的，這中間就出現了許多爭執，雙方都啟動了情緒，可是終究一方要選擇妥協。結果到整個工程都完工後，才知道當初還是父母的想法是對的，因爲透明的玻璃會直接受到太陽光直接的照射，會特別的熱。透明的玻璃又會看到冷氣的室外主機，比較沒那麼美觀。

透過這個例子我要表達的是，如果改變的是我們內在的認知是比較快的，比較不容易啟動我們情緒的。如果我們的內在認知是控制或是我的經驗比較豐富或者是你聽我的就對了，還是說我是長輩必須尊重我的想法，還是說我是長輩你不可以反駁我……等等。我相信只要不順自己的心意，情緒必然啟動，那啟動的大與小、多與少就看自己堅持的多少。

那換一個認知呢？我就只是提出我的看法及觀點，你也提出你的看法及觀點，大家商量商量、討論討論，在做出決定呢？這樣的狀況是否情緒較不易啟動呢？就算不滿意這樣的結果。但是自己的認知轉換成，這樣也不錯啊！至少維持了家庭的和諧，這時候不但不會啟動負面情緒，而且是超越了負面的情緒，而進入了一個正向情緒更好的狀態與品質。

而修行就是不斷改變我們的認知，打破我們的認知，釋放掉會引動情緒的因素，培養靈性的本質，多去開展多元及多角度的認知，讓祂變得既深且廣，我們就會很容易的不被情緒所控制，且慢慢跳出情緒的控制。

就上述的例子來說，心理釋放扮演的角色，就是排除我們對控制的認知、長幼高低的認知、階級的認知、好與不好的認知，這樣做比較好，那樣做比較不好的認知……等等。當這種習慣性的認知被打破、被釋放，我們的情緒就會更加平穩，而且會出現更好的情緒品質。所以並不是爲了不啟動情緒而選擇一味的退讓與忍耐或者逃避還是討好，而是具足更多能夠心平氣和好好談的情緒品質，及心平氣和的接受結果，很自然的修心養性的品質提昇了，修行的過程我們進步了。

29. EQ的提昇

想要提昇自己情緒管理，及提高自己的情商，除了學習正面思考、正面能量外，現在又多了一項心理釋放的選擇。

孟子的思想告訴大家「人之初，性本善」，但荀子卻有不同的看法，他認爲「人之初，性本惡」。那到底是性本善還是性本惡呢？

在我的看法他們兩位說的都對，人的身上本來就是有善與惡兩面本質。善指的是我們生命的主人、靈性、高我、眞我的本質。惡的部分指的是我們頭腦的貪心、過度的慾望、心裡的匱乏、控制、負面情緒、破壞性行爲……等等，這就是頭腦某一部分的屬性與特質，所以我們的頭腦是需要透過教化，把不好屬性特質的部分轉化成良善與正向的能量，這樣世界才能夠和平、均衡發展。尤其要透過我們自己靈性的教化，回歸到靈性的本質，這個世界才有希望。

心理釋放是根據我們頭腦其中一項屬性與特質所衍生出來的，找尋與察覺我們內心的匱乏，EQ及情商自然會提升。

演練：

當我察覺到我有羞愧感時，思考看看內心的匱乏是什麼，當然每個人羞愧感的起因不同，所以也會有不同的答案。我想起因爲我沒有錢買不起名牌，比不上人家，所以我有攀比與錢的內在匱乏。我覺得自卑，因爲我出生在一個貧窮的環境，所以我有自信的匱乏與無法選擇的匱乏。找到了這些羞愧感的起因後，羞愧感就會消失。至於沒有錢、攀比、自卑、無法選擇的心理問題，一個一個去找到它們的起因，找到了就代表釋放了。之後當自己又遇到相同問題時，羞愧感就不會出現了，就算出現了也弱化了它的強度。這樣的結果是不是也提升了我們EQ值，提高了我們的情商？各位再想想看，羞愧感沒了、減弱了，我們的自卑感、攀比感、沒自信的感覺、無法選擇的感覺是否也弱化了？那時候我們是什麼狀態？是不是比較處之泰然、神情自若、更可以與別人形成一個更良好的互動，再加上正向能量，還可以很真心的去讚美別人？這樣的EQ品質、情商品質，您覺得好不好？我們人際關係會不會愈來愈好？這種優質能量的散發別人會不會感受得到？各位可以思考看看。

30. 提昇人生品質

這種人生品質的提昇不是來自於物質的層面，也不是來自於擁有多少金錢，擁有多少房產，擁有什麼樣的名牌，還是有多麼優渥的生活環境。如果我們又將擁有這些物質的東西去形成內心的一種優越感的話，事實上又讓自己掉入另一種匱乏感之中，各位可以去思考看看優越感的背後隱藏的是什麼樣的情緒與感受及心理問題？自己就被那些情緒與感受還有心理問題束縛住了，這個束縛住了就是一個一個的觸動開關，一旦觸及，情緒及感受還有心理問題就產生出來了，我們會有較好的人生品質嗎？

在這裡要說明的是追求物質並不是不好，因爲人在這個世界上沒有物質的支援也是無法生存的，當物質無法支持我們的生活時，我們是否也會產生很深的焦慮感、恐懼感，當面臨生存的壓力時，觸動開關是否也容易被啟動了。而且當物質生活無法滿足生存的基本需求時，我們會有多餘的時間與精力去學習身、心、靈與修行的精神生活嗎？寫到這就讓我想到台灣的一句俗語，「肚子顧飽了，再來顧佛祖」不就是這樣子嗎？

所以物質生活與精神生活，要相互調適到一個比較均衡的狀態，才算是比較健康的狀態。

那各位再想想看，如果自己是個很容易啟動負面情緒的人，我們將會如何面對自己的人生。就我自己來說，以前我是個很容易生氣的人，當我面對同學、朋友、同事、夫妻、親子關係時，常常爲了一句話，一個小事情，或者是過往一些放在心裡，已經忍耐很久的事，而爆發出那股怒氣。

那我與這些人是不是產生了不好的聯結，這不好的聯結回饋給我的又是什麼？不好的人際關係？惡劣的對應關係？分離、孤獨還有什麼？各位可以去思考看看，因爲以前的我就是這樣的人，尤其是不和諧的家庭關係，整天吵吵鬧鬧的，我的心裡面會有家庭的溫暖嗎？幸福感嗎？與家人的那種親密感嗎？會有歸屬感嗎？想要逃離都來不及了，還想著要什麼嗎？帶著這種憤怒的習性與心理問題，各位覺得我走到那裡會有什麼改變嗎？我是不是永遠困在憤怒的情緒當中，會有人生品質提昇的機會嗎？

那如果您的問題是厭惡呢？恐懼呢？壓抑呢？煩惱呢？欲望呢？依賴呢？……等等的等等，思考看看您會活在什麼樣的生活當中呢？

很多的人會希望我們多培養一些正面思考，多一些往好處想，可是為什麼我們就是做不來，原因是負面的習性與想法在我們心裡占用太多的位置及刻畫得太深，把自己壓得太重了，在這種情形之下要培養正向的思考、正能量的培養，就會變得相當困難。

如果您的狀況是這樣子的情形，我們可以反向的操作，可以先來學習心理釋放，先把心裡面沉重的負面心理狀況釋放掉，當負面的心理狀況愈來愈少，要培養正向的能量就相對比較容易了。

當情緒不再那麼會啟動時，正向能量逐漸具足時，您覺得我們的人生品質會如何呢？我們的貴人是誰呢？已經不是別人了，而是自己了，而且當我們尚有餘力時還能付出。此時別人的貴人在哪裡，就在這裡了，我們有能力幫助別人時我們就成了別人的貴人。也因爲自己創造了這個因，所以得到了這個果，也開啟了吸引力法則，人生會進入一個正向的循環當中，而愈來愈好。

因此我們的內心不再匱乏，我們感受到富足，是可以手心向下能夠給予的。強大的內在力量結合實際付出的行動，此時我們的心理昇華了，靈性展現了，人生的品質提升了。

31.與睡眠間相互的關係

睡眠可說是健康的根本，尤其對掌管意識的頭腦更是如此，當睡得好、睡得足時，思緒都是清晰而且有精神的，足以應付一天之所需。當一天所需用完時，又進入睡眠機制，再補足隔日之所需，在這個良性循環之下做心理釋放可以收到最大的效果，而且被釋放掉的心理問題，會透過良好的睡眠被清洗掉、丟掉，達到更好的效果，心理的坑洞即可被填補起來，情緒自然愈來愈穩定，在生活上可以提升較好的人際關係、生活可以更快樂些、拘束可以少一些、更自由自在一些、智慧可以多一些、看得開、放得下也容易些，「算了吧！」的能力也會強一些。

另一方面，心理問題被釋放了，意味著刺激腦神經的因子被拿掉了，有時候是可以不用藥物的輔助，就自然入睡，有睡眠障礙的您可以試試看。

於是睡眠與心理釋放之間就形成了一個相輔相成的互補關係。

心理釋放除了可以輔助上述的這些學術之外，您還可以想到輔助什麼樣的學術呢？

32. 結論

這本書可說是以我個人做爲研究的報告，是個現在進行式，就發生在我身上，內容大多爲原理理論的方式呈現，沒有美麗的詞彙、華麗流暢的文句或幽默生動的例子，但它確實存在。

由於我們這個意識的頭腦在設計上就有先天不足的缺陷，使得我們非常容易掉入它的缺陷當中，讓人們產生許許多多情緒上、人與人之間的困擾，尤其在現今科技發達，資訊快速流通之下，我們更難辨別資訊的眞假，於是就更容易掉入頭腦的陷阱當中，而產生錯誤的認知，進而產生出情緒。當我們知道頭腦有這方面的缺陷時，我常常會去質疑、批判、釐清現在腦海中許許多多的想法與認爲及假設出來的諸多猜想。當我深入去瞭解後有很多與事實是不符合的，不會發生的，多數是猜忌、懷疑與誤解，這種現象很容易造成衝突、對立與誤解，而不斷將產生出的情緒加在自己身上，形成了制約與束縛，而造成自己心理上的負擔。借用佛教經典上的說法就是所謂的「妄想與妄念所形成的虛妄的假設」。

要去除與彌補頭腦這樣的缺陷，比較好的做法是正面思考及心理釋放，那怕這個正面思考不是眞的也無所謂，爲了是不讓自己掉入頭腦的陷阱而使自己被情緒給奴役。

當然我們生存在世界上，就是要用這個頭腦，當我們知道了這個原理後，我們要善用這個頭腦，去發展人與人和諧的關係，人與地球生物和諧的關係。向靈性的眞、善、美學習，向靈性正面的能量學習，臣服於靈性這個生命的主人。

頭腦是我們常說的「假我」，它不是生命的主人，它是生命的僕人，我們不要反客爲主了，這也是想要追尋覺醒與開悟的朋友們基本的認知。

只要有肉體與頭腦存在，就一定會有情緒，透過心理釋放的學習與培養，可以不再被情緒控制，情緒上來也不會過度，而且很快就過去了，不會造成傷害與困擾。當情緒來時，反而是一股助力，讓我們察覺到有這樣的情緒還沒被釋放掉，進而提昇心理釋放的品質。

最後，希望這本書能夠幫助到大家。謝謝！

國家圖書館出版品預行編目資料

心理釋放／林茂盛著. --初版.--臺中市：白象文化事業有限公司，2023.11
面； 公分
ISBN 978-626-364-091-7（平裝）
1.CST: 修身 2.CST: 生活指導
192.1　112011376

心理釋放

作　　者　林茂盛
發 行 人　張輝潭
出版發行　白象文化事業有限公司
412台中市大里區科技路1號8樓之2（台中軟體園區）
出版專線：（04）2496-5995　傳真：（04）2496-9901
401台中市東區和平街228巷44號（經銷部）
購書專線：（04）2220-8589　傳真：（04）2220-8505
出版編印　林榮威、陳逸儒、黃麗穎、水邊、陳媁婷、李婕、林金郎
設計創意　張禮南、何佳諠
經紀企劃　張輝潭、徐錦淳、林尉儒、張馨方
經銷推廣　李莉吟、莊博亞、劉育姍、林政泓
行銷宣傳　黃姿虹、沈若瑜
營運管理　曾千熏、羅禎琳
印　　刷　基盛印刷工場
初版一刷　2023年11月
定　　價　250元
購書專線　Line ID f1558 f